贸易便利化对全球农产品贸易的影响研究

MAOYI BIANLIHUA DUI QUANQIU NONGCHANPIN
MAOYI DE YINGXIANG YANJIU

房 悦 李先德 著

中国农业出版社
农村读物出版社
北 京

　　本书由国家自然科学基金国际（地区）合作与交流项目"'一带一路'背景下研究中国和中亚农业合作的方式路径和策略"（71961147001）、中国农业科学院科技创新工程（10-IAED-04-2022）两个项目支持，特此感谢！

国际贸易对全球粮食安全的重要性日趋增加。据 2020 年世界贸易组织（WTO）测算，世界上约 17％的人口依赖国际贸易获取食物，且由于气候变化和人口增长，这一比例到 2050 年会增长到 50％。新冠疫情以来，国际卫生安全突发事件很快转化为食物短缺危机，保持农产品国际流动在应对全球层面粮食安全问题中至关重要。但现实情况是，尽管世界很多国家的运输成本持续下降、信息和通信技术不断改进、贸易壁垒逐年降低，但当前贸易成本仍旧高企，是贸易开展的重大阻碍。基于此，贸易便利化被视作进一步降低贸易成本最有潜力的政策工具，受到学界和国际组织的高度关注。

本书详细介绍了 WTO《贸易便利化协定》的主要内容和经济合作与发展组织贸易便利化指标。该指标具有纵向跨期和横向可比的特性，本研究基于此建立了三套不同的面板数据，从贸易量、贸易成本和贸易韧性三个维度检验贸易便利化的重要经济意义及其在农产品领域的特殊性，识别不同贸易便利化措施在各经济发展程度的贸易组合中的差异化影响，为各经济体更有针对性地进行政策选择提供决策依据。本书的主要研究结论如下：

第一，2017—2019 年，全球贸易便利化平均水平提高了 9％。分区域来看，排名较高的国家主要集中在北美洲和欧洲地区，中国、俄罗斯、印度、巴西等新兴市场国家进步很快，但仍与发达国家存在一定差距，而非洲和其他拉丁美洲国家进步缓慢，个别内陆国家出现了倒退的情况。分经济发展程度来看，中高收入国家改进成效较为突出，是推动全球贸易便利化平均水平上升的主要动力。

第二，本研究建立了一套 2017—2019 年、150 个国家、96 类农产品的完全平衡面板数据，并使用高维固定效应的泊松伪极大似然回归（PPML）模型进行估计。研究发现，在农产品领域，进口国（出口国）贸易便利化水平每提高 1%，进口额（出口额）增长 1.483%（1.805%）。贸易双方便利化水平提高均有利于贸易量增长的结论在全行业和农产品领域内具有一致性，但与非农产品领域对比，进口国贸易便利化水平提高的促进作用更高（1.483%/1.314%），出口国贸易便利化水平提高的促进作用更低（1.805%/2.228%）。不同贸易便利化措施对农产品贸易的影响存在差异，中高收入及以下国家应扎实改进单证类手续和程序性手续，同时额外注重信息可获得性水平和上诉程序的优化。以 2019 年为例，如果所有低于平均水平的国家提升至世界平均贸易便利化水平，农产品贸易将会上升 617.96亿美元，约占全球农产品贸易总额的 3.5%。

第三，1995—2019 年，全球贸易成本呈现先上升、而后持平、近年不断下降的趋势。农产品贸易成本下降幅度虽不低于非农产品，但由于基数较高下降空间仍旧很大。研究发现，在农产品领域，一国贸易便利化水平每提高 1%，该国与其所有贸易国的平均贸易成本降低 0.492%；贸易便利化水平的提高有利于降低贸易成本的结论在全行业和农产品领域内具有一致性，但在农产品领域降低贸易成本的作用低于非农产品领域。以降低贸易成本为目标，在农产品领域，应优先发展单证类手续（0.342%）、上诉程序（0.243%）和预裁定（0.132%）三项措施。此外，贸易便利化通过降低贸易成本促进贸易增长，但仅发挥了部分中介效应，而非完全中介效应。

第四，本研究以小麦、玉米和稻谷三大主粮为例，根据一国 2019 年HS-6 分位级 39 类农产品所存在的所有双边贸易关系在 2020 年和 2021 年是否存续来表示贸易韧性，建立了一套 2 个年份、39 类农产品、6 816 个观测值的面板数据。研究发现，虽然描述性统计显示发达国家贸易韧性更高，相对落后国家贸易关系更加脆弱，但在控制了贸易便利化水平后，一国 GDP 与其进口贸易韧性反而呈现了负向相关关系，而贸易便利化水平与其进口贸易韧性显著正相关。平均来说，贸易便利化水平每提高 1%，贸易韧性提高 0.318%。这说明，处于任何经济发展水平的国家均可以依靠提高贸易便利化水平来提升贸易韧性。能够提高贸易量和降低贸易成本的措施与能够提高贸易韧性的措施及其重要性排序是有差别的，程序性手续和单证类手续在遭遇外部冲击时对提高贸易韧性不再是关键性措施，相反，此时管理与公正性（0.251%）和贸易商的参与（0.211%）尤其重要。

根据上述研究结论，本书重点提出以下四点政策建议：第一，建立能够直接衡量全球各国农产品贸易便利化水平的科学指标体系。第二，系统谋划农产品贸易便利化具体措施，进一步优化农产品贸易通关全流程。第三，从贸易韧性的视角出发认识和开展农产品贸易，建立有利于保护贸易主体贸易韧性的外部环境。第四，开展贸易便利化改革除了立足自身，同时也要根据双边经济发展程度和主要贸易产品制定贸易便利化改进的优先措施，避免泛泛、低效、无针对性地开展贸易便利化工作导致效率损失和资源浪费。

著　者

2023 年 10 月

前言

1 绪论 ……………………………………………………………………… 1

1.1 研究背景和意义 ……………………………………………………… 1

1.1.1 研究背景 ……………………………………………………… 1

1.1.2 研究意义 ……………………………………………………… 2

1.2 国内外研究进展 ……………………………………………………… 3

1.2.1 贸易便利化相关研究 ………………………………………… 3

1.2.2 农产品领域贸易便利化相关研究 …………………………… 9

1.2.3 贸易韧性相关研究 …………………………………………… 10

1.2.4 文献评述 ……………………………………………………… 11

1.3 研究内容和方法 ……………………………………………………… 12

1.3.1 研究内容 ……………………………………………………… 12

1.3.2 研究方法 ……………………………………………………… 13

1.3.3 技术路线图 …………………………………………………… 14

1.4 研究的创新和不足之处 ……………………………………………… 14

1.4.1 研究的创新点 ………………………………………………… 14

1.4.2 研究的不足之处 ……………………………………………… 15

2 概念界定和理论基础 ………………………………………………… 16

2.1 概念界定 ……………………………………………………………… 16

2.1.1 贸易便利化 …………………………………………………… 16

2.1.2 农产品 ………………………………………………………… 17

2.1.3 贸易韧性 ……………………………………………………… 17

2.2 理论基础 ……………………………………………………………… 18

2.2.1 传统贸易理论中对贸易成本的处理 ………………………… 18

2.2.2 贸易成本理论及测度方法演进脉络 ………………………… 18

2.2.3 多边阻力方法论 ……………………………………………… 24

3 全球贸易便利化水平变化趋势 ·· 26

　3.1 《贸易便利化协定》实施情况 ································· 26

　　3.1.1 《贸易便利化协定》实施进度 ······················ 26

　　3.1.2 《贸易便利化协定》实施瓶颈和需求 ··············· 28

　3.2 贸易便利化指标 ··· 30

　　3.2.1 数据来源 ··· 30

　　3.2.2 数据构成 ··· 30

　3.3 全球贸易便利化水平变化趋势 ······························· 36

　　3.3.1 全球贸易便利化水平整体情况 ····················· 36

　　3.3.2 全球贸易便利化水平分指标情况——按国家经济发展水平分组

　　　　　 ··· 41

　　3.3.3 全球贸易便利化水平分指标情况——按所在区域分组 ··· 42

4 贸易便利化对全球农产品贸易量的影响分析 ·················· 48

　4.1 模型设定和描述性统计 ······································ 48

　　4.1.1 模型设定 ··· 48

　　4.1.2 变量定义及数据来源 ································· 49

　　4.1.3 描述性统计 ··· 50

　4.2 实证估计及结果解释 ·· 51

　　4.2.1 基准回归结果 ··· 51

　　4.2.2 分指标回归结果 ······································· 55

　　4.2.3 异质性分析 ··· 58

　　4.2.4 贸易提升潜力预测 ····································· 65

　4.3 基本结论和本章小结 ·· 66

　　4.3.1 基本结论 ··· 66

　　4.3.2 本章小结 ··· 67

5 贸易便利化对全球农产品贸易成本的影响分析 ················ 68

　5.1 农产品贸易成本现状及趋势 ·································· 68

　　5.1.1 总体情况 ··· 68

　　5.1.2 按经济发展水平分组情况 ····························· 69

　5.2 模型设定和描述性统计 ······································ 71

　　5.2.1 模型设定 ··· 71

　　5.2.2 变量定义及数据来源 ································· 72

　　5.2.3 描述性统计 ⋯⋯⋯⋯⋯⋯⋯⋯⋯⋯⋯⋯⋯⋯⋯ 73

　5.3 实证估计及结果解释 ⋯⋯⋯⋯⋯⋯⋯⋯⋯⋯⋯⋯⋯⋯ 74

　　5.3.1 基准回归结果 ⋯⋯⋯⋯⋯⋯⋯⋯⋯⋯⋯⋯⋯⋯⋯ 74

　　5.3.2 分指标回归结果 ⋯⋯⋯⋯⋯⋯⋯⋯⋯⋯⋯⋯⋯⋯ 75

　　5.3.3 异质性分析 ⋯⋯⋯⋯⋯⋯⋯⋯⋯⋯⋯⋯⋯⋯⋯⋯ 77

　　5.3.4 中介效应检验结果 ⋯⋯⋯⋯⋯⋯⋯⋯⋯⋯⋯⋯⋯ 81

　5.4 基本结论和本章小结 ⋯⋯⋯⋯⋯⋯⋯⋯⋯⋯⋯⋯⋯⋯ 82

　　5.4.1 基本结论 ⋯⋯⋯⋯⋯⋯⋯⋯⋯⋯⋯⋯⋯⋯⋯⋯⋯ 82

　　5.4.2 本章小结 ⋯⋯⋯⋯⋯⋯⋯⋯⋯⋯⋯⋯⋯⋯⋯⋯⋯ 83

6 新冠疫情冲击下贸易便利化对全球农产品贸易韧性的影响分析——以小麦、稻谷、玉米三大主粮为例 ⋯⋯⋯⋯⋯⋯⋯⋯⋯⋯ 84

　6.1 新冠疫情以来全球小麦、稻谷、玉米三大主粮贸易基本情况 ⋯⋯⋯ 85

　　6.1.1 贸易额上升、贸易量下降,粮价高涨 ⋯⋯⋯⋯⋯⋯ 85

　　6.1.2 部分国家出台农产品贸易限制性或促进性临时措施 ⋯⋯⋯ 85

　　6.1.3 进口进一步集中 ⋯⋯⋯⋯⋯⋯⋯⋯⋯⋯⋯⋯⋯⋯ 87

　　6.1.4 贸易韧性在不同收入组国家中存在差异 ⋯⋯⋯⋯⋯ 88

　　6.1.5 核心变量统计分析 ⋯⋯⋯⋯⋯⋯⋯⋯⋯⋯⋯⋯⋯ 88

　6.2 模型设定和描述性统计 ⋯⋯⋯⋯⋯⋯⋯⋯⋯⋯⋯⋯⋯ 89

　　6.2.1 模型设定 ⋯⋯⋯⋯⋯⋯⋯⋯⋯⋯⋯⋯⋯⋯⋯⋯⋯ 89

　　6.2.2 变量定义及数据来源 ⋯⋯⋯⋯⋯⋯⋯⋯⋯⋯⋯⋯ 89

　　6.2.3 描述性统计 ⋯⋯⋯⋯⋯⋯⋯⋯⋯⋯⋯⋯⋯⋯⋯⋯ 90

　6.3 实证估计及结果解释 ⋯⋯⋯⋯⋯⋯⋯⋯⋯⋯⋯⋯⋯⋯ 91

　　6.3.1 基准回归结果 ⋯⋯⋯⋯⋯⋯⋯⋯⋯⋯⋯⋯⋯⋯⋯ 91

　　6.3.2 分指标回归结果 ⋯⋯⋯⋯⋯⋯⋯⋯⋯⋯⋯⋯⋯⋯ 92

　　6.3.3 异质性分析 ⋯⋯⋯⋯⋯⋯⋯⋯⋯⋯⋯⋯⋯⋯⋯⋯ 93

　6.4 基本结论和本章小结 ⋯⋯⋯⋯⋯⋯⋯⋯⋯⋯⋯⋯⋯⋯ 95

　　6.4.1 基本结论 ⋯⋯⋯⋯⋯⋯⋯⋯⋯⋯⋯⋯⋯⋯⋯⋯⋯ 95

　　6.4.2 本章小结 ⋯⋯⋯⋯⋯⋯⋯⋯⋯⋯⋯⋯⋯⋯⋯⋯⋯ 96

7 结论及政策建议 ⋯⋯⋯⋯⋯⋯⋯⋯⋯⋯⋯⋯⋯⋯⋯⋯ 97

　7.1 主要结论 ⋯⋯⋯⋯⋯⋯⋯⋯⋯⋯⋯⋯⋯⋯⋯⋯⋯⋯⋯ 97

　　7.1.1 在动力来源方面 ⋯⋯⋯⋯⋯⋯⋯⋯⋯⋯⋯⋯⋯⋯ 97

　　7.1.2 在行业差异方面 ⋯⋯⋯⋯⋯⋯⋯⋯⋯⋯⋯⋯⋯⋯ 97

　　7.1.3 在措施效果方面 ⋯⋯⋯⋯⋯⋯⋯⋯⋯⋯⋯⋯⋯⋯ 98

7.2　政策建议 ··· 99

　7.2.1　建立可度量可比较的贸易便利化体系 ··············· 99

　7.2.2　系统谋划针对农产品贸易的便利化措施 ·············· 99

　7.2.3　依托贸易便利化提升韧性以应对外部冲击 ············· 99

　7.2.4　根据自身贸易格局确定贸易便利化优先次序 ········· 100

参考文献 ··· 101

附录 ··· 110

1 | 绪　　论

1.1　研究背景和意义

1.1.1　研究背景

国际贸易对全球粮食安全的重要性日趋增加。据 2020 年世界贸易组织（World Trade Organization，WTO）测算，世界上约 17% 的人口依赖国际贸易获取食物，且由于气候变化和人口增长，这一比例到 2050 年会增长到 50%；30 多个国家依靠进口获取粮食是为了避免饥饿而非锦上添花；即便是可以实现自足的国家，也十分依赖国际贸易获取化肥和其他中间投入品。尤其是新冠疫情以来，其导致的健康和经济危机是对世界贸易体系的一次大考，对全球供应链和各国之间的贸易关系带来了前所未有的冲击，可以看到，全球粮价全线冲高，国际卫生安全突发事件很快转化为食物短缺危机。根据《全球粮食危机报告》（*Global Report on Food Crisis*），2020 年底，全球 7.2 亿～8.11 亿人面临食物不足，严重粮食不安全状况的人数增至 2.65 亿人，比 2019 年的 1.35 亿人增加近 1 倍。新冠疫情对全球粮食生产和流通环节均产生了重大影响，农产品市场的不确定性风险显著增强。从长期看，世界格局正在改变国家粮食供应链和贸易结构，尤其是一些严重依赖粮食进口的发展中国家贸易中断，粮食安全受到了严重冲击。2022 年的相关数据显示，受经济冲击、冲突和不安全、气候变化和极端天气事件等因素的驱动，全球粮食危机形势和严重粮食不安全状况进一步加剧，保持农产品国际贸易流动性在应对全球层面的粮食安全问题中至关重要。

但现实情况是，尽管世界很多国家的运输成本持续下降、信息和通信技术不断改进以及贸易壁垒逐年降低，但世界各国之间现存的贸易成本仍然很高，贸易便利化改善的空间和潜力巨大。如联合国贸易和发展会议（UNCTAD）估计，平均一次海关交易涉及 20～30 个不同的当事方、约 40 份文件和 200 个数据要素（其中 30 个数据至少会重复 30 次），所有数据中 60%～70% 的比例至少会重复 1 次。随着 21 世纪以来全球关税水平的降低，在很多情况下，履行海关手续的成本已经超过了关税成本。纵观全局，当前全球粮食安全面临重大挑战，在粮食生产短期内难有突破性进展、贸易保护主义频发、关税减免政策空间乏力、海关"繁文缛节"造成了沉重负担的综合背景下，贸易便利化成为最有潜力的政策工具，受到学界和国际组织的高度关注。

1.1.2 研究意义

党的二十大提出，中国坚持经济全球化正确方向，推动贸易和投资自由化、便利化，推进双边、区域和多边合作，促进国际宏观经济政策协调，共同营造有利于发展的国际环境，共同培育全球发展新动能。在当今世界经济联系高度紧密、全球化遭遇逆流、新冠疫情影响广泛深远的百年未有之大变局下，贸易便利化已经成为破除生产要素和商品、服务自由流动障碍、降低全球交易成本的关键手段。目前，贸易便利化最全面、具体的内涵体现在WTO《贸易便利化协定》（*Trade Facilitation Agreement*，TFA）中，这是WTO自1995年成立以来首份缔结的多边协定，2013年12月于印度尼西亚巴厘岛第九届部长级会议期间通过，2017年2月正式生效。TFA旨在推动货物的放行和流动更为顺畅、贸易效率提高、贸易成本降低，其正式实施将对全球贸易产生深远影响。据WTO测算，执行TFA相关措施能够显著降低14%～18%的全球贸易成本，促进全球贸易增长约0.6%。WTO前总干事阿泽维多指出，贸易便利化改进的贡献比取消全世界所有关税的意义更大。

基于成本收益的视角审视贸易便利化改革的价值，从收益端来看，除了直接对一国贸易成本和贸易量产生影响，贸易便利化还会产生国家间的溢出效应。溢出效应是指，一国提高贸易便利化水平，与之交易的所有国家都能够受益，无论贸易国的便利化水平是否改善。而且，贸易便利化能够促进包容性增长，相较于发达国家，发展中国家和新兴经济体受益更大。从成本端来看，贸易便利化改革并不是一项执行成本高不可攀的措施，在执行后产生的收益能够覆盖前期投入成本，可执行性高。当前，发展中国家和新兴经济体占全球贸易量的体量大且贸易便利化水平仍有较大提升空间，这些国家如果能够着力改善其贸易便利化措施，就能在使自身受益的同时，产生正外部性，惠及全球其他国家。

此外，贸易便利化对农产品贸易具有更突出的重要性。由于农产品的易腐特性，对时间更加敏感，贸易便利化所节省的沟通和运输等各项成本，能够使通关时间缩短、贸易价格下降，进而扩大既有贸易关系的贸易量或致使新的贸易关系产生。在货物从生产到抵达消费者多次跨境、贸易摩擦加剧的时代背景下，贸易便利化改革具有更大的实践价值。另外，农产品具有与国家安全相关联的战略属性，绝不能像普通商品一样完全依赖于市场的自发调节。习近平总书记反复指出，"粮食问题不能只从经济上看，还必须从政治高度、战略高度上看。要坚持以我为主、立足国内、确保产能、适度进口、科技支撑的国家粮食安全战略"。因此,无论是作为品种调剂的日常补充还是在特殊关键时刻的战略储备,通过贸易对本国产品供应不足的部分进行有效补充的能力、响应速度和稳定性都成为一国在粮食安全战略上的重要软实力,这些实力的积累都需要依靠一个便利、多元且有韧性的贸易环境作为支撑。

综上,基于贸易便利化的重要实践价值,本书首先通过对比选取当前可获得数据中最科学全面且具有可比性的贸易便利化衡量指标入手,据此分析全球各国贸易便利化水平及其变化情况;其次从贸易量、贸易成本和贸易韧性三个维度全面分析贸易便利化对全球农产品贸易产生的重要影响,并将农产品领域研究结论与非农产品领域进行对比,同时在不同经济发展水平的贸易组合中分别讨论。本研究的意义在于:第一,有助于对《贸易便利化协定》的基本情况和全球各国贸易便利化的水平及变化情况有一个较为全面的认识;第二,有助于定性、定量地了解贸易便利化对贸易量、贸易成本和贸易韧性的影响,同时揭示其在农产品领域的特殊性;第三,有助于探寻不同贸易组合下针对农产品贸易最优的贸易便利化措施选择,以便为不同发展阶段的经济体更有针对性地为确定贸易便利化行动的优先次序进行政策选择提供依据。

1.2 国内外研究进展

本节对国内外相关研究进展进行综述,主要分为以下三个部分:一是贸易便利化相关研究,主要包括其定义、测度方法、研究方法及其宏观和微观影响;二是农产品贸易领域贸易便利化相关文献在近年来的研究动态和进展,主要总结了农产品领域中贸易便利化研究的既有结论;三是贸易韧性相关研究,这一研究视角较新,目前尚未形成成熟的文献脉络,本节综述主要介绍了韧性研究的起源及其如何被引入经济韧性的研究范畴中,以及现有研究中虽未正式定义贸易韧性但已进行研究尝试的方法和结论。

1.2.1 贸易便利化相关研究

1.2.1.1 贸易便利化定义及测度方法

贸易便利化这一概念最早来自 20 世纪 50 年代的欧洲,当时第二次世界大战后全球贸易进入一个快速发展的阶段,由于各国之间不协调、不一致的各项贸易程序和贸易规则,导致各国之间贸易开展困难,对于国家间贸易程序简化的强烈诉求由此产生(李向阳,2020)。1960 年,联合国欧洲经济委员会针对此事成立了专门工作组。自 1996 年起,贸易便利化的议题列入 WTO 新加坡部长级会议日程。此后,贸易便利化这一概念及其重要性不断被国际社会认识和认可，并逐步转化为全球范围内的行动。可以说，贸易便利化的研究起点是自下而上的，不是从理论中衍生，而是从贸易实践的客观需求中产生的，核心是为了降低贸易主体在贸易过程中所面临的高额贸易成本。

国际组织和学术研究中对贸易便利化的定义差别较大，但可以从狭义和广义两方面区分。狭义上，贸易便利化指改善边境的行政程序；广义上，贸易便利化包括边界后措施的改进，即指通过程序和手续的简化、适用法律和法规的协调、基础设施的标准化和提升，减少资源跨国配置和流动的技术性和机制性障碍，为国际贸易创造一个协调的、透明的、可预期的政策和贸易环境，最大限度地提高国际贸易的自由度和开放度。目前较为广泛接受的几种定义方式如表1-1所述。

表1-1　贸易便利化定义

机构	英文简称	年份	定义内容
世界银行	WB	2003	货物跨境流通过程中所涉及的进出口程序和手续简化
联合国贸易和发展会议	UNCTAD	2006	根据简单、标准化的海关程序和惯例、文件要求、货物和过境业务以及贸易和运输安排，为跨境贸易交易建立一个透明和可预测的环境
亚太经济合作组织	APEC	2007	是指使用新技术和其他措施，简化和协调与贸易有关的程序和行政障碍，降低成本，从而推动货物和服务更好地流通
经济合作与发展组织	OECD	2011	在国际贸易链条的各个阶段，通过提高效率降低贸易成本的政策和措施
欧盟委员会	EC	2012	简化贸易程序，具体表现为简化国际贸易中货物流动过程中对数据的收集、呈递、沟通和处理涉及的活动、做法和手续
世界贸易组织	WTO	2015	用全面、一体化的方法减少贸易交易过程的复杂性，降低贸易成本。以国际可接受的规范、准则及最佳做法为基础，推动贸易活动在有效、透明和可预见的方式下开展

学界普遍认为应对贸易便利化做出较为广义的定义。Woo et al. （2001）将贸易便利化宽泛地定义为精简监管环境，深化统一标准并与国际规则接轨。Wilson et al. （2003）则认为在全球贸易量快速增长、中间品时效性强、关税普遍降低、可应用于跨国贸易的现代科技层出不穷的环境下，只关注狭义的贸易便利化会产生较大的误差，因而广义的贸易便利化概念是十分必要的。王中美（2014）指出，贸易便利化通常是指政府通过采用有效方法，对贸易程序进行简化，对法律法规和标准进行协调，从而消除或减少资源跨国流动和配置的

机制性和技术性障碍，最终提高国际贸易的运作效率。由于贸易便利化在更多时候是一种改善现状的承诺，而不是对现有制度、机制进行大刀阔斧改革的承诺，因此，国内外有关各方往往最容易就此达成共识，成为合作的起点。

1.2.1.2 **贸易便利化测度方法**

由于贸易便利化涉及范围较广且定义不完全统一，在实证中量化测算贸易便利化水平比较困难，部分研究从单一指标入手。例如从某一特定的贸易协定切入展开分析，是因为关注到了贸易协定在关税减免之外也产生了一定的使贸易更加便利化的影响（Osang et al.，2000；Hertel et al.，2001；Romalis，2007；Ossa，2014；Sampson，2016），但是这种单一变量无法准确对贸易便利化水平进行刻画。随后，针对如何测算贸易便利化水平的研究逐步开展，也有较多可以选取的指标。相关研究涉及的主要指标如下：

2002 年，亚太经济合作组织（Asia-Pacific Economic Cooperation，APEC）的贸易便利化行动计划将海关程序的规范性、贸易标准的一致化、商务流动性以及电子商务四个方面的内容作为衡量贸易便利化的核心指标，确定了贸易便利化的内涵范畴，为贸易便利化进行量化测评奠定了第一步。根据这一做法，Wilson et al.（2003）第一次利用港口效率、海关环境、规制环境和电子商务四个指标综合地测算了 2000—2001 年 75 个国家的贸易便利化水平，并据此指标对贸易便利化促进贸易提高的潜力进行了预测性分析，后续中有很多研究基于这一指标设置开展。

此外，世界银行开发的营商便利指数（Ease of Doing Business Score，DB）、物流绩效指数（Logistic Performance Index，LPI）和世界海关组织的放行时长研究（Time of Release Study，TRS）也可以作为贸易便利化衡量的一种方式，前两者调查对象为贸易企业和跨国货运公司，得分方式为主观评分，后者主要考察货物每次放行所需要的平均时间和每一环节的平均时长。数据来源于各国海关原始数据以及抽样调查。以上集中指标设置的方式都是从某一单一的维度出发，无法全面涵盖贸易便利化内涵，作为研究变量其代表性存在不足。

更具有代表性和综合性的贸易便利化的衡量指标是世界经济论坛（World Economic Forum，WEF）自 2008 年起隔年发布的《全球贸易促进报告》中构建的 ETI（Enabling Trade Index）指数，其包括四个方面：市场准入、边境管理、基础设施和商业环境。数据则来自世界各大国际组织所统计的数据以及收取的问卷，包含了密切与贸易开展过程相关的指标。但是，该指标用于贸易便利化研究之中也有一定不足之处。第一，整体指标过于宏观；第二，第一个指标市场准入刻画的是关税的影响，严格意义上不属于贸易便利化定义的内涵之中，而是贸易自由化的研究范畴；第三，基础设施和商业环境刻画了一国整体上、更宏观意义上的发展水平，没有聚焦于贸易开展过程中的边境前后问题，不能代表在贸易开展过程中的便利水平，且没有涉及海关流程和手续等关键问题，在分析中仍旧无法为政策选择提供详细的依据。

2013 年，经济合作与发展组织（Organization for Economic Co-operation and Development，OECD）建立了一套贸易便利化指数（Trade Facilitation Indicators，TFIs），这套指数严格依照 WTO《贸易便利化协定》建立，包含 11 个一级指标、97 个二级指标，这些变量涵盖全部边境程序，能够体现现有贸易的相关政策和法规及其实际执行情况。为了采集数据，OECD 定期向政府机构和贸易商发放调查问卷并邀请业内的专家按照制定的标准进行打分。每个指标均以"多元二值（Multiple Binary）"方式评分，得分在 0～2。2 代表"最佳表现"，1 代表"中间水平"，0 代表"最差表现"。TFIs 数据从 2013 年开始采集，每两年更新一次，目前应有 2013 年、2015 年、2017 年和 2019 年四个年份的数据，截至 2022 年 10 月，OECD 仅公开了 2017 年和 2019 年两年的数据。这套指标涵盖了 163 个不同收入水平、地理区域和发展水平的经济体，是目前时间最新、指标最细致全面、涵盖国家范围最广泛的贸易便利化数据。

1.2.1.3 贸易便利化的宏观影响

以往研究中多关注贸易本身的宏观影响，如参与国际贸易分工对经济增长有强烈的拉动作用（Frankel et al.，1999；Waugh，2010；Lin et al.，2013；Mutreja et al.，2014；Simonovska et al.，2014）和对技术创新的刺激作用（Grossman et al.，1991）。而关于贸易便利化的宏观影响分析，最集中的是关于贸易便利化的贸易效应分析，研究内容主要包括贸易便利化在影响贸易流量方面的总体作用、与其他影响贸易流量因素进行对比以及不同贸易便利化措施的差异化影响等。学者们采用的分析方法虽然各有不同，选择的测度方法之间也存在较大差异，但是都得到了贸易便利化促进国际贸易增长的一致结论，这使得这一结论更具有稳健性。

Wilson et al.（2003）的研究被认为是贸易便利化影响定量测评的开山之作，该研究对亚太地区 75 个国家和地区进行研究，贸易便利化水平通过港口效率、海关环境、规制环境以及电子商务四个维度测算，发现如果将 APEC 所有成员中低于平均水平的贸易便利化指标提高到对应指标平均水平的一半，将会增加 25.4 亿美元的贸易额，即相当于该区域内总体贸易提高了 21%。

此外，各类相关研究都从某一角度研究了贸易便利化在促进贸易增长和降低贸易成本方面的积极作用（Eckstein et al.，1996；Anderson et al.，2004；Dollar et al.，2004；Soloaga et al.，2006；Felbermayr et al.，2006），这些研究在近十年中亦快速发展（Dennis et al.，2011；Persson，2013；Caliendo et al.，2015；Zaki，2014；Broda et al.，2017；Bista et al.，2021）。Hertel et al.（2001）使用可计算的一般均衡（CGE）模型量化分析日本和新加坡之间的协调电子商务标准和自动化海关程序对双边贸易的影响，研究发现，这些改革将增加双边之间以及其与世界其他地区的贸易。Shepherd et al.（2009）研究发现，贸易双方的贸易便利化水平对东盟国家之间的贸易流量有显著的影响，贸易便利化改进可使东南亚国家大幅受益。Cacciatore（2014）指出，更高的贸易程度可以提高一国生产力水平。Baier et al.（2014）发现区域经济一体化对促进国际贸易的影响高于此前文献预期。Hillberry et al.（2018）聚焦具体贸易便利化条款对贸易时间成本的影响，研究发现，推动良好的管理与公正程序和自动化是最节省时间的措施。良好的管理与程序的公正性可以使进口时间减少约 37%，而贸易便利化关键领域的自动化，如通过电子方式交换文件和应用风险管理程序，将使进口时间减少约 30%。据《2015 年世界贸易报告》估计，TFA 全面实施后，WTO 成员的贸易成本平均可降低 14.3%，全球商品出口额每年会增加 7 500 亿～10 000 亿美元，该报告还指出，TFA 提升带来的总贸易增长效应大于取消所有现行关税的政策效果。

随着 21 世纪以来全球关税的降低，据报道，在很多时候，遵守海关手续的费用已经超过了关税费用，成为贸易开展的最大阻碍。现代商业环境的一大特征是即时生成和快速交付，因此贸易商需要货物能够快速运输且有预测性。APEC 的一项研究估计，贸易便利化方案将给 APEC 的成员带来国内生产总值大约 0.26% 的边际收益，大约是关税削减所带来预期收益的两倍。此方案将使该区域发展中国家的进口价格下降 1%～2%，效果显著。对发展中国家来说，海关和运输等领域的低效率已经成为它们融入全球经济的一大障碍，并可能严重损害其出口竞争力和外国直接投资的流入。因此，发展中国家出口商一直在呼吁、推动消除行政壁垒。

关于贸易便利化的研究后续逐步拓展至几个不同角度。第一，部分研究将贸易便利化的影响与关税的影响进行对比，如 Francois et al.（2007）研究发现，出口绩效以及参与贸易的倾向完全取决于机构质量和获得发达的运输和通信基础设施的机会。从经验上看，在解释南北贸易的差异时，这种依赖性远比关税差异更重要。这意味着，对发展中国家市场准入的政策强调，而不是对贸易便利化的支持可能是错误的。第二，贸易便利化水平提高有利于吸引外国投资（Portugal-Perez et al.，2012），有利于海关费用收缴，减少寻租和腐败的可能性，进而提高政府税收（Yasui，2010；Zaki，2014；WCO，2014）。第三，部分研究将贸易便利化对贸易流量的影响拓展至三元边际（Hummels et al.，2005；Liapis，2009），进一步分析贸易便利化对贸易结构的影响。研究集中在对贸易流量在行业内的结构改变的分析，能够看出贸易便利化影响贸易流量的内部结构是体现在价格变动的边际上，还是体现在多品种拓展的边际上。如张凤等（2014）认为，相对于贸易伙伴国，中国贸易便利化水平的提升主要促进了相对扩展边际，抑制了相对集约边际，且对相对扩展边际的促进要大于对相对集约边际抑制的作用。第四，研究将视角转向贸易便利化改革带来的国家互动效应。Estache et al.（2002）通过对墨西哥1993年港口改革的效率影响的研究，证明了相对绩效的衡量能够促进港口基础设施运营商之间的竞争进而提升效率，有利于促进落后国家的追赶。这一研究也可以揭示贸易便利化研究将不同国家纳入统一可比性的研究框架之中具有对相对落后国家的带动意义。第五，在监督《贸易便利化协定》的执行效果时，一些研究观察到了贸易便利化在提高国家危机应对能力上的作用。WTO在2022年6月29日举行了《贸易便利化协定》生效五周年的经验分享会，其中指出，已经实施贸易便利化改革的国家能够更好地适应新冠疫情防控期间贸易量和监管控制的变化，从而加强成员应对下一次危机的能力。

1.2.1.4 贸易便利化的微观影响

从微观视角切入贸易便利化的研究刚刚起步，企业数据的收集本身就更加困难，因此，国内外关注贸易便利化的研究受限于数据可得性，目前能够查阅到的文献仍比较少，但也已有部分研究展开了一定探索。例如，OECD相关调研指出，作为一个整体，中小企业在许多经济体中贡献了高达60％的GDP，但在国际贸易中不活跃更多是因为"繁文缛节"，而不是关税壁垒。这说明，目前造成企业贸易成本高企的主要原因除了被高度关注的关税因素，还有一个影响很深远但不容易捕捉的影响一直被忽视了，这就是有关于贸易便利化程度不足所造成的成本增加。已有文献在微观层面再次研究较有效的贸易便利化措施以及同时关注了贸易便利化对不同规模企业的差异影响。例如，Das et al.（2007）通过一个动态结构模型研究了贸易便利化措施对出口企业的影响。Li et al.（2009）将研究范围扩大到企业层面，重点观测中小企业，利用世界银行的企业调查数据，弥补了关于贸易成本和贸易便利化的现有实证研究在企业层面的缺失。许多研究发现，对于亚洲国家，贸易便利化指标在时间序列上的改善往往意味着中小企业成为出口商可能性以及它们的出口倾向的提高。提高政策可预测性和加强信息技术服务是对中小企业扩大贸易的最有效的措施。Gozalez et al.（2019）的研究着眼于一国贸易便利化水平与中小企业参与国际经济活动之间的关系，分析表明，发达经济体和发展中经济体各种规模的企业都受益于总体贸易便利化环境的改善。然而，与大公司相比，小公司从总体贸易便利化环境的改善中获益更多。微观的结论能够与宏观结论相呼应，体现了贸易便利化措施对企业不仅能够产生正面的影响，同时这种正向影响是一种包容性增长的路径。从当前的国际形势和发展主流趋势上来看，很多改革和措施的影响是倾向于导致"马太效应"的产生，使得强者越强、弱者越弱，这将进一步掣肘未来国家间的和平与合作。贸易便利化的包容性增长价值是值得重点关注的，也是值得国家间携手合作促进其从潜力转化成为现实的。

1.2.2 农产品领域贸易便利化相关研究

近年来，国内外关于农产品贸易的研究主要可以分为以下两类研究视角：第一类研究视角是关于重点国家（区域）历史贸易情况（事后评估）和未来贸易潜力（事前预测）的影响因素研究（王瑞 等，2016；刘宏曼 等，2017）。第二类研究视角是针对关键因素的重点分析，如汇率、技术性贸易壁垒和新冠疫情等（刘鹏举 等，2017；秦臻 等，2013；董银果 等，2018；李先德 等，2020），逐步也开始有部分研究关注了贸易便利化的影响，本节将对农产品贸易领域贸易便利化相关研究的既有文献进行重点梳理和分析。

现有贸易便利化研究中对农产品的讨论还比较少，研究结论与整体结论存在不一致，与全行业相比，贸易便利化水平提高对农产品贸易的促进作用更小。谭晶荣 等（2016）使用 2008—2013 年的贸易数据，运用引力模型分析了贸易便利化程度对中国农产品出口产生的影响，结论显示贸易伙伴国的便利化水平提高 1%，中国对其出口的农产品贸易额将增长 0.873%。朱晶 等（2018）使用 2008—2015 年中国农产品出口到"丝绸之路经济带"沿线 48 个贸易对象国的面板数据，实证分析了沿线国家贸易便利化水平对中国农产品出口深度和广度的影响。结果表明：沿线国家贸易便利化水平每提升 1%，中国农产品的出口深度将增长 1.111%，农产品的出口广度将增长 0.431%。其中，电子商务影响程度最深，其次是基础设施，海关效率不显著，制度环境估计结果为负。廖佳 等（2021）使用口岸与物流效率、海关与边境管理、金融与电子商务和政府与规制环境来代表贸易便利化水平，并分别将其加入引力模型，发现口岸与物流效率具有最明显的正向影响，其次海关与边境管理也具有 10% 显著水平的正向影响，金融与电子商务和政府与规制环境的影响虽不显著，但也具有正向的作用。

农产品贸易遇到更多的阻碍和挑战，首要的是贸易时间问题。OECD 和WTO 根据贸易援助计划进行的一项调查显示，近 60% 的受访领头企业认为，在与发展中国家农产品供应商打交道时，海关延误是主要的贸易问题。贸易时间也可能影响一个国家的贸易构成，Tsigas（2019）估计了出口每天节省的时间的平均关税当量，并使用可计算的一般均衡模型来模拟出口时间减少对撒哈拉以南非洲国家贸易构成的影响，这些模拟表明，出口时间减少 50% 会导致新鲜和加工农业尤其是蔬菜、水果和坚果的出口所占份额增加。Zaki（2014）利用拓展的引力模型评估发达国家和发展中国家贸易便利化对双边贸易的影响，研究结果表明，互联网、官僚主义、腐败和地理位置等多种贸易便利化因素对进出口时间成本产生影响，相对出口而言，对进口贸易的负面影响更大。运输基础设施不足是造成延误和运营成本增加的重要原因。2013 年，世界经济论坛对巴西一家农业企业进行了案例研究发现，港口延误造成的成本高达每艘船每天 2.5 万美元。Mejia et al.（2006）计算了港口效率的综合指数，并观察到港口设施对墨西哥食品、饮料和烟草贸易流动的负面和显著影响。进口国的港口效率对粮食进口的影响比出口的影响更大。Bernard（2011）的研究结果表明，改善物流绩效和促进贸易的边境后措施能扩大发展中国家贸易，特别是出口方面。更进一步，Alberto et al.（2012）发现，与软基础设施（边境和运输效率）相比，硬基础设施（港口、机场、公路和铁路以及信息和通信技术）的改善在出口增长方面带来了更大的利益。但是这种投资是昂贵的，对特定国家来说，收益和成本不能确定。Moise et al.（2013）指出，尽管农产品的运输成本可能较低，部分原因是供应链较为简单，但由于农产品的价值重量比较低，运输成本对农产品价格的影响可能更大。因此，运输绩效可在确保有效参与农业粮食链方面发挥重要作用。

鉴于许多农产品易腐烂和对温度敏感的性质，高效的贸易物流对于可能对时间和储存温度敏感的农产品尤为重要。一些案例研究和报告表明了适当的冷藏运输和处理基础设施的重要性。OECD 和 WTO 与发展中国家供应商进行的磋商发现，约有 1/3 的受访企业提到了冷藏和冷链管理，这是农产品企业面临的最重要的制约因素之一（Moise et al.，2013）。美国国际开发署 2011 年的研究报告称，没有冷链基础设施对西非的农业贸易构成了重大障碍，在西非，存储能力不足导致的劣质产品占到了市场物流成本的 20% 左右。在接受调查的私营部门供应商中超过 30% 还认为，在小企业连接到全球价值链方面，进出口所需要提供的文书过于复杂和海关延误是目前面临的最大困难。

1.2.3　贸易韧性相关研究

"韧性"一词原本是物理学的概念，表示材料在塑性变形和破裂过程中吸收能量的能力。韧性越好，则发生脆性断裂的可能性越小。Holling（1973，1986，1992）将"韧性"（Resilience）概念从工程力学引入生态系统修复的研究内容中后，提出了"生态韧性"这一概念，他认为系统在受到外部冲击时具有一定的"阈值"，系统吸收的冲击在此"阈值"以下时，系统会恢复至原始水平甚至通过自我重构超越原始水平；当系统吸收的冲击超过此"阈值"时，系统会恢复至低于原始水平甚至衰退。该概念内涵和研究范围不断扩大到心理学、灾害学、经济学和地理学等学科领域（Pimm，1984；Perrings，1994；Perrings，1998），这种多重均衡的思想与经济学的许多理论契合，为区域经济韧性概念的提出奠定了基础。

Reggiani et al.（2000，2002）首次把韧性的概念引入区域研究中，他们认为，区域经济韧性是指一个社会经济系统遭受冲击后的恢复能力。孙久文等（2017）对区域经济韧性概念的形成与发展研究的脉络进行了梳理，他认为，Martin（2012）梳理相关文献后总结了区域经济韧性的四个研究维度，是目前比较准确的定义：一是抵御冲击、吸收冲击的能力，二是冲击后恢复的速度和程度，三是区域经济系统在冲击后重新整合内部资源、调整自身结构适应新的外部环境的能力，四是区域经济路径创造的能力。

在贸易领域，已有部分研究对贸易遭受冲击后的下降程度进行了一定研究，如 Bems et al.（2010）刻画了金融危机期间外溢性需求萎缩对国际贸易带来的影响。Eaton et al.（2016）发现金融危机期间消费对可贸易品需求的萎靡导致了国际贸易的大幅衰退。Van Bergeijk et al.（2017）以金融危机产生后，全球各国贸易量的下降程度来代表各国的经济韧性，但是这些研究并未真正提出有关贸易韧性的定义。后续研究中，贺灿飞等（2019）、揭础铭（2022）采用各年份产品-出口目的国的出口额增长率与起始年份相应的出口额增长率之差来表示出口韧性作为出口贸易韧性的一种衡量方式。

现有研究多数集中在对工业品领域的贸易韧性的探讨，农产品贸易具有其特殊性，受自然条件、生产能力、食物结构和易腐性等多重限制，农产品产业链更加脆弱，目前对于农产品贸易韧性的关注还很不够，世界批发市场联合会主席史蒂芬·拉亚尼指出，建立富有韧性并能够抵御系统冲击的食品供应链将是未来的关键挑战之一。2022 年 6 月召开了 WTO 第 12 届部长级会议，会议达成《关于紧急应对粮食安全问题的部长宣言》（以下简称《宣言》），各成员部长在《宣言》中对粮食和农产品贸易中断、国际粮价过度波动和相关贸易限制措施表示关注，强调贸易同国内生产一样，在改善全球粮食安全方面发挥着重要作用。各成员部长承诺采取措施，以便利农产品贸易，改善全球粮食和农产品市场运转，提高长期韧性。

1.2.4　文献评述

综合以上文献可以看出，贸易便利化的研究是一个较新的话题，相关研究在近二十年起步并不断深化，已经取得了一定公认的进展。首先，在既有研究中，贸易便利化对于贸易本身和一国长期经济增长贡献的重要性已经得到了学界的充分认识。其次，研究使用测量贸易便利化的指标也呈现了不断精准化和科学化的趋势，一是使用综合指标替代单一指标，更加聚焦于进出口过程中的细节和程序，降低了初期研究贸易便利化水平代理变量的粗糙度；二是衡量指标具有纵向时间上的跨期性和横向国别间的可比性。贸易便利化衡量指标的精细化为后续研究能够具有更高的现实刻画能力奠定了基础，由此推导出的研究结论也具有更高的可信度和指导意义。

但是，现有研究仍有一定的空白之处和不足之处：第一，现有研究中贸易便利化对农产品贸易影响的讨论尚不充分，受限于数据可获得性和易获得性，贸易便利化指标体系仍较为宏观和粗放，没有直接切中贸易开展的核心点，尚未形成指标体系全面、跨期时间足够长、涵盖全球所有双边贸易关系的影响评估；第二，现有研究多使用传统的引力模型，数据结构仅就双边谈双边，没有有效处理国际贸易开展中的多边阻力问题；第三，2019 年底在全球范围内蔓延的新冠疫情在极大程度上影响了全球贸易，农产品贸易也不可避免地遭受了重大影响，对全球相对落后国家的粮食安全问题形成了重大挑战，在这一剧烈外部冲击下，许多贸易关系出现了中断，贸易便利化对农产品贸易韧性的影响具有重大价值但目前研究尚未分析和讨论。以上不充分、不完善之处正是本文研究的起点。

综上，本研究从贸易便利化对农产品贸易的突出重要性和相关研究的缺失切入，首先对既有研究进行评述，详细说明 WTO《贸易便利化协定》的具体内容和实施情况，选取当前可获得数据中最科学全面且具有可比性的贸易便利化衡量指标，并据此分析全球各国贸易便利化水平基本情况和变化趋势；其次，定性定量分析贸易便利化对农产品贸易量和贸易成本的总体影响及分项措施的差异化影响，并将研究拓展至不同经济发展水平的贸易双方组合之中；最后，在新冠疫情外部冲击下，定量分析贸易便利化措施对贸易韧性的总体影响及分项措施的差异化影响，以便为不同发展阶段的经济体更有针对性地确定贸易便利化行动的优先次序进行政策选择提供依据。

1.3　研究内容和方法

1.3.1　研究内容

依据本研究的逻辑框架，提出以下几个待解决问题：第一，世界各国贸易便利化水平的现状和变化趋势如何？第二，贸易便利化水平提高能否促进贸易量提高？第三，贸易便利化水平提高能否促进贸易成本降低？第四，贸易便利化水平提高能否促进一国在遭受新冠疫情外部冲击时的贸易韧性提高？第五，对于不同经济发展水平的经济体，应当如何选择贸易便利化改进措施的优先次序？

为了回答以上问题，本书章节安排如下：第 1 章，绪论，主要包括研究背景和国内外研究进展综述，引出本书研究的起点、主要内容和技术路线图；第 2 章，概念界定和理论基础，对本书中出现的重要概念进行界定以及对本书研究所依据的核心理论的演进脉络进行梳理；第 3 章，全球贸易便利化水平变化趋势，对《贸易便利化协定》实施情况和 OECD 贸易便利化指标进行具体说明，并详细分析全球贸易便利化水平及其变化情况；第 4 章，贸易便利化对全球农产品贸易量的影响分析，定量分析贸易便利化措施对全球农产品贸易量的影响；第 5 章，贸易便利化对全球农产品贸易成本的影响分析，定量分析贸易便利化措施对全球农产品贸易成本的影响；第 6 章，新冠疫情冲击下贸易便利化对全球农产品贸易韧性的影响分析——以小麦、稻谷、玉米三大主粮为例，定量分析新冠疫情冲击下贸易便利化对全球农产品贸易韧性的影响；第 7 章，结论及政策建议，总结全文得出的基本结论并提出政策建议。

其中，核心章节是第 4 章至第 6 章，从贸易量、贸易成本和贸易韧性三个维度出发对贸易便利化对全球农产品贸易的影响进行全面分析。三者是递进关系，依次考察贸易便利化水平对双边贸易的量、质和稳定性的影响。量的获取是贸易的第一目标，而能够以更低的贸易成本开展贸易是更高一层次的追求，能够以更稳定的能力开展更低成本、更高数量的贸易则是贸易高质量发展的深层次目标。

1.3.2　研究方法

根据研究框架和研究问题的需要，本书主要采用的研究方法有以下三种。

1.3.2.1　文献研究法

通过对已有研究和文献的阅读、思考及总结，在了解贸易便利化的定义、测度方法、宏观微观影响等方面相关研究的基础上，对现有研究基本结论进行总结，为本研究的开展提供了理论支持和方法借鉴。

1.3.2.2　描述性统计分析

对分区域、分收入水平的贸易便利化水平的基本情况和变化趋势，对全球平均贸易成本、农产品和非农产品的平均贸易成本的历史演变，对新冠疫情以来的三大主粮的贸易格局变化情况进行了分析和展示。以上数据的描述性分析为后续研究开展提供了基础支撑。

1.3.2.3　计量分析法

本书各章开展的研究均从贸易引力模型出发，根据不同数据结构和研究的需要，选择了适宜研究开展的计量方法和模型设置。①将"多边阻力"有效纳入扩展引力模型，将零贸易值的双边贸易关系补全从而形成了一个完全平衡的面板数据，使用高维固定效应的泊松伪极大似然估计（PPML）模型对贸易便利化对农产品贸易量的影响进行定量分析；②使用间接法推导的双边部门贸易成本数据，通过多元普通最小二乘法（OLS）模型对贸易便利化对农产品贸易成本进行定量分析；③通过 Probit 模型定量分析贸易便利化对贸易韧性的影响。

1.3.3 技术路线图

根据本书的逻辑结构和章节安排，研究技术路线依据"提出问题—分析问题—解决问题"的逻辑顺序安排，详细如图 1-1 所示。

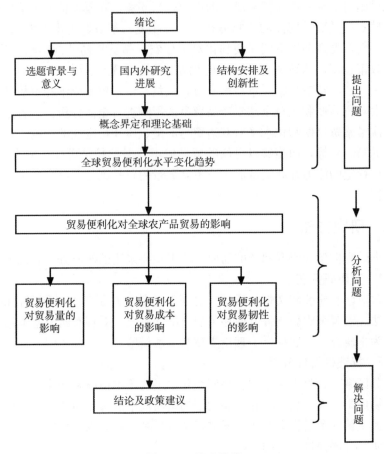

图 1-1 技术路线

1.4 研究的创新和不足之处

1.4.1 研究的创新点

本研究的创新之处在于：第一，从贸易量、贸易成本、贸易韧性三个维度层层递进、深入探究贸易便利化对全球农产品贸易的全面影响，建立了一套涵盖全球 150 个国家 HS-2 分位双边贸易关系的面板数据，并将农产品领域与非农产品领域进行对比以探索农产品领域中贸易便利化措施影响的特殊性。第二，作为最早关注新冠疫情冲击下贸易便利化对农产品贸易韧性影响的研究之一，识别和估计了贸易便利化在提高农产品贸易韧性中的重大作用。第三，在拓展引力模型中增加对多边阻力项的处理，避免就"双边"谈"双边"，把双边贸易放在"多边"的宏观背景下开展探讨，使模型估计更加准确。

1.4.2　研究的不足之处

本研究的不足之处在于：一是目前受限于 OECD 仅公开了 2017 年、2019 年两个年份的数据，因此各类回归分析的时间跨期还不够长，数据支撑趋势性分析的能力还比较有限，待新的数据公开后应进行更长跨度的面板数据分析，尤其是对于贸易韧性"恢复能力"部分的刻画；二是研究注重实证分析，在贸易便利化对贸易量影响的理论机制分析上仍需要加强；三是缺少微观层面的分析。

2 | 概念界定和理论基础

本章节主要分为两个核心部分，第一部分是介绍本研究核心概念的界定问题，第二部分是介绍所依据的主要经济理论。主要包括：第一，贸易成本理论的发展脉络，说明当前最为前沿的贸易成本处理方法及其原理；第二，贸易理论中多边阻力问题的理论来源和方法论，为后续实证研究奠定理论基础。

2.1 概念界定

2.1.1 贸易便利化

本研究中所述贸易便利化是指 WTO《贸易便利化协定》对贸易便利化的定义，这是目前有关于贸易便利化最为详细的说明，即用全面、一体化的方法减少贸易交易过程的复杂性和成本，在国际可接受的规范、准则及最佳做法的基础上，保证所有贸易活动在有效、透明和可预见的方式下进行。这是一个较为宽泛的定义，其核心是进出口过程的简化、现代化和协调。

基于世界各国降低贸易成本的共同意愿，WTO 于 2013 年 12 月通过《贸易便利化协定》，这是 WTO 自 1995 年成立以来首份缔结的多边协定。2017年 2 月 22 日，超过 2/3 的成员（总计 164 个，包括了欧盟）完成了批准流程后正式生效。截至 2022 年 5 月，已有 155 个成员加入，占 WTO 总成员的94.5％。《贸易便利化协定》内容涉及货物放行、货物清关、程序简化等方面的 12 个条款，共计包含了 36 项措施、具体 238 条事项。其中，简要见表2-1，详见附录。

表 2-1　《贸易便利化协定》简要内容

条款	简要内容
第 1 条	信息的公布与可获性
第 2 条	评论机会、生效前信息及磋商
第 3 条	预裁定
第 4 条	上诉或审查程序
第 5 条	增强公正性、非歧视性及透明度的其他措施

(续)

条款	简要内容
第6条	关于对进出口征收或与进出口和处罚相关的规费和费用的纪律
第7条	货物放行与结关
第8条	边境机构合作
第9条	受海关监管的进口货物的移动
第10条	与进口、出口和过境相关的手续
第11条	过境自由
第12条	海关合作

2.1.2 农产品

本研究所述农产品为 HS-2 分位级别产品代码中 1～24 章和 50～52 章产品，该分类方法下其他产品代码为非农产品。详见表 2-2。

表 2-2 农产品定义

类别	章节
第1类：活动物；动物产品	1～5 章
第2类：植物产品	6～14 章
第3类：动、植物油、脂及其分解产品；精制的食用油脂；动、植物蜡	15 章
第4类：食品；饮料、酒及醋；烟草、烟草及烟草代用品的制品	16～24 章
第11类：纺织原料及纺织制品	50～52 章

2.1.3 贸易韧性

根据文献综述，截至目前尚未有广泛认可的关于贸易韧性的定义。在本研究中，参考区域经济韧性的定义方法，将贸易韧性定义为：在受到冲击时，一国对外贸易抵抗冲击的能力和冲击后恢复的能力。抵抗冲击能力和冲击后恢复能力都可以用定量、定性两种方式来衡量，受限于数据可获得性，定性的方式是通过原有进口国—出口国—产品层面的贸易关系在冲击后是否存续，冲击后中断的进口国—出口国—产品层面的贸易关系是否恢复来表示；定量的方式可以通过原有进口国—出口国—产品层面贸易额/量相较于冲击前同期变化比率来衡量其相对变化情况。本研究第六章关注新冠疫情冲击下贸易便利化对全球农产品贸易韧性的影响，受限于事件发生期限较短，数据获取较为困难，仅选择了"抵抗冲击能力"一个维度来刻画贸易韧性，且是以定性的方式进行。

2.2 理论基础

2.2.1 传统贸易理论中对贸易成本的处理

贸易便利化措施促进贸易增长的理论逻辑，核心在于降低贸易成本。贸易成本是现实中客观存在且严重影响各国国际贸易的重要因素，但在传统国际贸易理论中却一直被忽略，或仅作为一个外生变量。本节首先对传统国际贸易理论中对贸易成本的处理方式进行梳理。

古典贸易理论。该理论最早由亚当·斯密于1776年在《国民财富的性质和原因的研究》中提出，后来经过李嘉图于1817年在《政治经济学及赋税原理》中进一步改进补充，日趋完善。亚当·斯密的主要贡献是从各国生产成本的绝对差异角度解释了国际贸易产生的来源，李嘉图则更进一步论证了各国依据比较优势进行分工和贸易，从而达到双方的福利都能够得到改善的目的。在这一理论中，一国产品的出口价格就是另一国的进口价格，贸易过程是完全无摩擦的，该模型没有将贸易成本问题纳入分析框架之中。

新古典贸易理论。新古典贸易理论也称之为要素禀赋理论。通过这一理论，不仅关注了国家间的贸易，同时看到了贸易如何改变一国内部的分配问题。这一理论改进更加贴近各国现实，也使研究视角从贸易本身拓展到了贸易对国内要素流动、价格变化和收益分配的问题上，通过该理论分析能够理解为何一国内部不同群体的人对待贸易的支持反对态度各不相同，但是这一理论的前提仍旧是假设贸易过程是完全无摩擦的，贸易成本的问题同样没有纳入分析框架之中。

新新贸易理论。该理论也称异质性贸易理论，该理论突破了新古典贸易理论和新贸易理论以产业为对象的研究范畴，将分析对象变量进一步聚焦到贸易的真正主体，也就是企业。以 Melitz（2003）、Helpman et al.（2008）、Chaney（2008）和 Melitz et al.（2008）为开拓性文献，指出了企业异质性有两种形式。异质性企业理论是近十年来国际贸易理论的最新发展与前沿，其核心假设考虑到了企业在选择是否出口时面临的边际成本和进入一个行业必须首先付出的沉没成本问题，但其成本概念是聚焦于企业生产率层面上带来的成本差异，仍然没有对从生产价格到最终消费价格之间产生的贸易成本进行刻画。

2.2.2 贸易成本理论及测度方法演进脉络

2.2.2.1 冰山局部均衡模型

冰山局部均衡模型是分析贸易成本影响的有用工具，该模型将贸易成本比喻成冰山通过海洋时会不断融化一样，到达目的地时只剩下出发时的一部分，详见图 2-1。

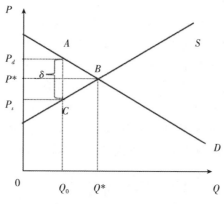

图 2-1 冰山局部均衡模型

如图 2-1 所示，为了简单起见，假设商品不在国内生产，国内需求曲线为 D 线，国外供给曲线为 S 线，在初始市场平衡，贸易成本较高，用 δ 表示，国内消费者支付的价格为 P_d，国外生产者获得的是 P_s，进口总量等于 Q_0。由于贸易成本的存在，致使商品生产者收到的价格和消费者支付的价格之间造成了效率损失。

假设国家通过优化贸易程序，使贸易成本降到零的水平。在这种新的均衡情形下，进口货物数量达到 Q^*，国内价格达到 P^*，国外价格也达到 P^*，由贸易成本造成的价格差就消失了。国内消费者和外国生产者的福利分别增加 $P_d A B P^*$ 和 $P_s C B P^*$ 所示的梯形区域。但是，该分析没有考虑到如果低效率的贸易程序可能产生于某些代理人捕获的租金，也没有考虑到实施贸易便利化改革的成本，这将降低图 2-1 所示的收益（Dee，2006）。

将贸易成本简化为一个单一的"冰山成本"形式尽管为理论研究提供了便利，然而任何经验研究都不可避免地要面临贸易成本的实际度量问题。许多研究曾测度过贸易成本，一种是直接测量法，如关税、运输成本、包装成本的直接加总，但是无法穷尽所有国际贸易的成本，而且在现实中，关于海陆空各类运输方式的运费信息获取困难且数据质量较差。Hummels（2001）提出用距离代表贸易成本，Bernard et al.（2006）指出用贸易自由度指标代替贸易成本，这些选取某个单一指标代理贸易成本的处理存在不同程度的偏差问题。另一种是间接测量法。间接方法基于推导模型利用贸易流量数据对贸易成本进行反推，其优点是数据的可获得性高、便于计算，虽然在衡量的绝对数值层面一定也存在偏差，但在时间序列和截面上具有纵向和横向可比性，其研究结果所展示的各国相对水平差异及其变化能够具有更高的政策内涵。接下来，本研究将详细梳理间接贸易成本推导模型的演进脉络，其主要框架是由 Anderson et al.

(2003)、Novy（2011）和 Chen et al.（2011）的 3 篇文献建立的。

2.2.2.2 一般均衡模型

Anderson et al.（2003）引入了一个基于一般均衡框架的具有贸易成本的微观引力方程。假设偏好同质，每个国家都被赋予了一种与其他国家不同的商品，消费者同时消费国内和国外商品。

该模型的关键点在于引入了外生的双边贸易成本。由于贸易成本的存在，且双边贸易成本存在差异，这意味着同一产品出口到不同国家的价格存在差异。设定 p_i 是国家 i 的初始供给价格，$p_{ij} = p_i t_{ij}$ 代表国家 j 的消费者最终面临的价格，t_{ij} 是加总的双边贸易成本因子。具体如下：

$$x_{ij} = \frac{y_i y_j}{y^W} \left(\frac{t_{ij}}{\Pi_i P_j}\right)^{1-\sigma} \qquad (2-1)$$

其中，x_{ij} 是国家 i 向国家 j 的名义出口，y_i 是国家 i 的名义收入，y^W 是世界收入，定义为 $y^W \equiv \sum_j y_j$，$\sigma > 1$ 是产品间的替代弹性，Π_i 和 P_j 是国家 i 和国家 j 的物价指数。通常来讲，在其他条件相同的情况下，大国之间的贸易更加频繁。双边贸易成本的增大会降低贸易往来但必须与物价指数一同衡量。Anderson et al.（2003）将这些物价指数称之为多边阻力变量，Π_i 是外向多边阻力变量，P_j 是内向多边阻力变量。Anderson et al.（2003）将双边贸易成本定义为关于边界和地理距离的函数，方程为 $t_{ij} = b_{ij} d_{ij}^k$，其中 b_{ij} 是边界相关变量，d_{ij} 是双边地理距离变量以及 k 是距离弹性，并且假设了贸易成本是对称的。

Anderson et al.（2003）对传统引力模型进行了改进，但是也同样遭受了一些学者们的质疑，概括来说质疑包括三个方面：一是方程设定可能存在偏误，存在遗漏如关税这样的重要变量；二是理论假设不合理，双边贸易成本可能是非对称的；三是使用非时变的代理变量无法捕捉一国现实中随时间变化的因素。

因此，后续的研究中（Novy，2006）基于新开放经济学的基本框架，开发了具有微观基础的一般均衡模型。该模型开发旨在推出一个全面的衡量贸易成本的方法，而不仅仅是通过可见成本简单加和计算，而是将那些无法直接观测但巨大的贸易阻碍一并进行测度（如管理成本、沟通成本等）。这种方法是使用可观测的贸易数据进行间接估计的方法，具体如下：

为使 j 国的消费者和厂商达到最优，$j = 1, 2, \cdots\cdots, J$，且 $J \geqslant 2$。世界上所有消费者和所有生产的产品取值范围为 [0, 1] 的连续集。国家 j 由从 $[n_{j-1}, n_j]$ 取值的消费者和国家 j 的垄断企业各生产一种不同的产品，$n_0 = 0$ 和 $n_j = 1$。假设外生给定一部分 S_j 产品是可贸易的，那么 j 国所有生产的可贸易产品的取值范围是 $\left[n_{j-1},\ n_{j-1}+s_j(n_j-n_{j-1})\right]$。这一部分产品可以被全世界的所有消费者购买。剩余的部分是 $\left[n_{j-1}+s_j(n_j-n_{j-1}),\ n_j\right]$，代表了 j 国的不可贸易产品，这一部分仅供本国消费者购买。

外生的双边冰山贸易成本 $\tau_{j,\,k}$ 是货物从 j 国运到 k 国时产生，双边贸易成本是不对称的，$\tau_{j,\,k}\neq\tau_{k,\,j}$，假设国内贸易成本为 0 是一种标准化的处理方式。则有：

$$\tau_{j,\,k}\begin{cases}\geqslant 0 & j\neq k\\ =0 & j=k\end{cases} \qquad (2-2)$$

（1）消费者

假设消费者在一国内部是同质的，其效用函数如下：

$$U_j=\ln C_j+\eta\ln(1-L_j) \qquad (2-3)$$

C_j 和 L_j 代表国家 j 的人均消费和劳动投入。η 参数假设在国家间同质。C_j 是常弹性（CES）复合消费指数。具体如下：

$$C_j\equiv\left[\sum_{k=1}^{J}\int_{n_{k-1}}^{n_{k-1}+s_k(n_k-n_{k-1})}(c_{ji})^{\frac{\rho-1}{\rho}}d^i+\int_{n_{j-1}+s_j(n_j-n_{j-1})}^{n_j}(c_{ji})^{\frac{\rho-1}{\rho}}d^i\right]^{\frac{\rho-1}{\rho}}$$

$$(2-4)$$

其中，C_{ji} 是国家 j 产品 i 的人均消费，消费的范围是全球所有可贸易品加上国家 j 的不可贸易品，系数 $\rho>1$ 是替代弹性，并假设在各国之间同质。因此，消费基础上的价格指数定义为 1 单位 C_j 的最小支出，可以从方程（2-4）中推导出：

$$P_j\equiv\left[\sum_{k=1}^{J}\int_{n_{k-1}}^{n_{k-1}+s_k(n_k-n_{k-1})}(\xi_{ji})^{1-\rho}d^i+\int_{n_{j-1}+s_j(n_j-n_{j-1})}^{n_j}(\xi_{ji})^{1-\rho}d^i\right]^{\frac{1}{1-\rho}}$$

$$(2-5)$$

$$\xi_{ji}=\begin{cases}\dfrac{1}{1-\tau_{j,\,k}}p_{ki}^{T} & n_{k-1}\leqslant i\leqslant n_{k-1}+s_k(n_k-n_{k-1})\ \forall j,\,k\\ p_{ki}^{NT} & n_{j-1}+s_j(n_j-n_{j-1})\leqslant i\leqslant n_j\end{cases} \qquad (2-6)$$

其中，p_{ki}^{T} 是国家 k 企业 i 可贸易品的离岸价格（Free on Board，FOB），$\dfrac{1}{1-\tau_{j,\,k}}p_{ki}^{T}$ 是同一产品到国家 j 的到岸价格（Cost Insurance Freight，CIF）。p_{ki}^{NT} 是国家 j 企业 i 的非贸易品价格。所有价格由统一的一种货币表示。

CIF 是 $\dfrac{1}{1-\tau_{j,\,k}}$ 倍的 FOB 是因为国家 k 企业 1 单位的可贸易品运输到国家 j 时，仅有（$1-\tau_{j,\,k}$）部分到达，关税等价的冰山贸易成本可以这样表示：

$$\theta_{k,\,j}=\frac{1}{1-\tau_{k,\,j}}-1=\frac{\tau_{k,\,j}}{1-\tau_{k,\,j}} \qquad (2-7)$$

最大化消费方程（2-4）等价与最小化支出方程（2-5），得到单独的需求方程如下：

$$c_{ji} = \left(\frac{\xi_{ji}}{P_j}\right)^{-\rho} C_j \qquad (2-8)$$

最终得出国家 j 的人均预算约束：

$$P_j C_j = W_j L_j + \pi_j \qquad (2-9)$$

W_j 是名义工资，π_j 是国家 j 企业人均名义利润，完全重新分布在国家 j 的消费者中。

（2）企业

设置为垄断竞争模型，每个企业作为唯一生产者生产一种不同的物品，并追求利润最大化的定价。一国内部不是所有的企业都是对称的，由于国家 s_j 企业生产可贸易品，$1-s_j$ 生产非贸易品。令 y_{ji}^T 表示国家 j 可贸易品生产企业 i 的产出，y_{ji}^{NT} 表示国家 j 非贸易品生产企业 i 的产出。$y_{ji,k}^T$ 是企业 i 为国家 k 生产的可贸易品。

$$y_{ji}^T = \sum_{k=1}^{J} y_{ji,k}^T \qquad (2-10)$$

所有企业面临一个线性生产函数，包括了规模收益固定，且仅有劳动力投入的模型。

$$y_{ji,k}^T = A_j L_{ji,k}^T \qquad (2-11)$$

$$y_{ji}^{NT} = A_j L_{ji}^{NT} \qquad (2-12)$$

A_j 是外生的，国家层面的技术水平，假设在国家可贸易品和非贸易品部门相同。$L_{ji,k}^T$ 和 L_{ji}^{NT} 代表生产 $y_{ji,k}^T$ 和 y_{ji}^{NT} 的劳动量投入。

$$L_{ji}^T = \sum_{k=1}^{J} L_{ji,k}^T \qquad (2-13)$$

所有消费者在一国内同质，根据国内企业对劳动力的需求投入劳动，假设劳动力不可国际流动。市场出清条件为：

$$(1-\tau_{k,j}) y_{ji,k}^T = \left(\frac{\frac{1}{1-\tau_{j,k}} P_{ji}^T}{P_k}\right)^{-\rho} (n_k - n_{k-1}) C_k \qquad (2-14)$$

右侧代表国家 k 中 $(n_k - n_{k-1})$ 消费者需求的可贸易品 i 的数量，左侧是同种产品从国家 j 运输到国家 k 的数量。同理，非贸易品如下：

$$y_{ji}^{NT} = \left(\frac{P_{ji}^{NT}}{P_j}\right)^{-\rho} (n_j - n_{j-1}) C_j \qquad (2-15)$$

国家 j 企业 i 的利润方程是：

$$\pi_{ji}^T = \sum_{k=1}^{J} (p_{ji}^T y_{ji,k}^T - W_j L_{ji,k}^T) \qquad (2-16)$$

其中，W_j 是名义工资，假设在可贸易品和非贸易品中相同，将方程（2-11）和方程（2-14）代入方程（2-16），最大化 p_{ji}^T 得到：

$$p_{ji}^T = \frac{\rho}{\rho-1} \frac{W_j}{A_j} \tag{2-17}$$

对非贸易品企业同理可得：

$$p_{ji}^{NT} = \frac{\rho}{\rho-1} \frac{W_j}{A_j} \tag{2-18}$$

所以：

$$p_{ji}^T = p_{ji}^{NT} \equiv p_j \tag{2-19}$$

至此，所有国家 j 的企业价格都为 p_j，无论生产的是可贸易品还是非贸易品。

（3）带有贸易成本的引力方程

国家 j 企业生产可贸易品是对称的，$s_j(n_j - n_{j-1})$ 是这类企业的总数，所有从国家 j 运输至国家 k 的商品为：

$$EXP_{j,k} = s_j(n_j - n_{j-1}) y_{ji,k}^T \tag{2-20}$$

$EXP_{j,k}$ 是 j 对 k 的净出口。使用系统出清方程，代入价格和消费均衡式，可以推导出具有微观基础的带有贸易成本的引力模型方程：

$$EXP_{j,k} EXP_{k,j} = s_j(GDP_j - EXP_j) s_k(GDP_k - EXP_k)$$
$$(1-\tau_{j,k})^{\rho-1} (1-\tau_{k,j})^{\rho-1}$$

$$\tag{2-21}$$

GDP_j 是国家 j 的实际产出，$EXP_j \equiv \sum_{k \neq j} EXP_{j,k}$ 是 j 国的总出口。

其中，$EXP_{j,k} EXP_{k,j}$ 双边贸易会因为双边贸易成本 $\tau_{j,k}$、$\tau_{k,j}$ 高而降低；也会因为更少的企业生产可贸易品而降低，也就是 s_j、s_k 降低。根据这个方程，双边贸易不再仅由传统引力模型中 GDP 决定，而是由 $(GDP_j - EXP_j)$、$(GDP_k - EXP_k)$ 决定。这些可以解释为"市场潜力"，即 $(GDP_j - EXP_j)$ 是国家 j 产出中有贸易潜力尚未被贸易的那部分。例如，GDP_j 增长，总出口和其他不变，市场潜力增加，双边贸易增加。反之，总出口增长，GDP 和其他不变，市场潜力下降，双边贸易降低。引力模型方程因此捕捉到了多边阻力，也就是两国之间的贸易流量不仅仅取决于两国自身之间的贸易成本（$\tau_{j,k}$、$\tau_{k,j}$），同时受双边贸易成本相对于第三方国家的水平影响。

Anderson et al.（2003）推导的多边阻力的引力方程包括价格指数是理论层面建构的，不易观测，而方程（2-21）通过可观测的变量捕捉多边阻力，更具有实际意义。

2.2.2.3 全球价值链模型

与传统贸易理论不同的是，传统贸易理论假设每一种最终商品都完全在一个国家生产；而价值链理论认为，生产是分散进行的，货物在加工过程中多次跨越国境，构成最终产品的每一个零部件或过程在多个国家共同完成。由于这种全球生产的组织方式改变，通过这个不断传导的过程产生了"累积"和"放大"效应，贸易成本被放大（Yi，2010）。贸易成本在价值链的不同阶段不断累积和放大。累积和放大效应的存在意味着，贸易成本对全球价值链相关贸易的危害作用比对只涉及最终商品的贸易要大得多。贸易成本越高，供应链的长度就越短。在贸易成本非常高的情况下，企业不值得在不同的国家之间分配生产，将仅保存最终商品的贸易往来。相反，贸易成本的减少，也会具有累积和放大效应，从而降低障碍，使更多的发展中国家参与全球价值链。这意味着，贸易便利化对全球价值链的生存能力至关重要，对各国培养比较优势的生产阶段和专业化分工至关重要。贸易驱动国家和地区间的相互依存尤其是全球价值链的兴起，但也可能增加供需突然中断的风险，以及国际运输网络中断的脆弱性。因此，即使价值链中一个"环节"受到相对较小的冲击，也可能暂时阻塞或破坏高度互联的生产和分销网络。但鉴于建立供应商网络的成本很高，企业有动力支撑价值链的长期关系，即使在困难时期也能保持和调整与海外供应商的贸易关系。这可以提高贸易抵御危机的能力，从而减少贸易的波动及其对增长的影响。

2.2.3 多边阻力方法论

早期贸易引力方程（Beckerman，1956）一直因为缺少理论基础而备受争议，Anderson（1979）、Bergstrand（1985）、Helpman（1987）、Deardorff（1998）等在重力方程的理论建模方面做了开创性工作。随后引力方程在国际贸易领域（Cheng et al.，2005；Dekle et al.，2007，2008；Lawless，2010；Yi，2010；Desmet et al.，2014，2018；Fally，2015；Feyrer，2019；Morales et al.，2019）以及国际金融领域（Olivero et al.，2012）得到广泛应用。

然而理论基础缺乏问题并没有解决，原因在于理论模型的多边阻力项没有得到体现。例如，Anderson（1979）认为，在控制其他地区影响的基础上，两个地区的贸易随着贸易障碍增加而减少。Deardorff（1998）指出两个地区的贸易不是取决于绝对距离，而是相对距离。事实上，在经济领域，两个地区之间的双边贸易也会受到第三方的影响。如果不考虑其他地区对双边贸易的影响，其隐含了不同地区间贸易是独立的假设，这样的假设太强，与事实不符。但如何控制其他地区的影响和捕捉相对距离，在传统重力方程中未能体现。

Anderson et al. （2003）为引力方程的推导提供了理论背景支撑。理论模型如下：

$$\log(x_{ij}^k) = \log E_j^k + \log Y_i^k - \log Y^k + (1 - \sigma^k) \log(t_{ij}^k) -$$
$$(1 - \sigma^k) \log(P_j^k) - (1 - \sigma^k) \log(\pi_i^k) + \varepsilon_{ij}$$

$$(2 - 22)$$

其中，x_{ij}^k 代表 k 行业 i 国到 j 国的出口额；E_j^k 是 j 国的行业总支出；Y_i^k 是 i 国的行业总生产，y^k 是各国的行业总生产之和；t_{ij}^k 代表了双边贸易成本；σ 是行业内替代弹性（同一行业内不同类别产品的替代弹性）；ε_{ij} 是随机误差项。P_j^k 和 π_i^k 代表"多边阻力"，多边阻力将双边贸易模式不仅仅取决于双边贸易成本，同时取决于这个贸易成本对于世界其他国家的相对水平这一现实纳入模型中考虑。

许多试图捕捉多边阻力的实证尝试已经展开。其中最简单的方式是使用国家或国家组合特定的固定效应（Eaton et al.，2001，2002；Feenstra et al.，2004）。对这种实证方法最大的反驳是该模型不能包含任何国家或国家组合间不随时间变化的变量，否则会造成多重共线性问题，这样会导致很多引力模型的核心变量无法纳入模型之中。Anderson et al. （2003）定义了用对数线性展开式来定义多边阻力的方程形式，Baier et al. （2009）使用两国双边 GDP 份额加权平均贸易成本相对于世界 GDP 份额加权平均贸易成本来衡量多边阻力，带有多边阻力的贸易成本项由如地理距离、共同边界、共同语言等一系列常见代表的贸易成本变量的多边阻力对数估计值来表示（Behar et al.，2011）。

任一国家组合间的多边阻力贸易成本项的计算方法如下：

$$MR_{B_{ij}} = \underbrace{\sum_k \left(\frac{Y_k}{Y_w} \times \ln B_{ik} \right)}_{\text{第一部分}} + \underbrace{\sum_m \left(\frac{Y_m}{Y_w} \times \ln B_{mj} \right)}_{\text{第二部分}} - \underbrace{\sum_k \sum_m \left(\frac{Y_k}{Y_w} \times \frac{Y_m}{Y_w} \times \ln B_{kn} \right)}_{\text{第三部分}}$$

$$(2 - 23)$$

其中，B_{ij} 代表双边贸易成本变量，如地理距离、共同边界、共同语言等；Y_w 代表全球 GDP 总量。

方程（2-23）的第一部分代表国家 i 对世界上所有国家 k（除本国）的加权平均贸易成本，方程（2-23）的第二部分代表国家 j 对世界上所有国家 m（除本国）的加权平均贸易成本，方程（2-23）的第三部分代表世界上所有国家加权平均贸易成本的再加权平均。此公式求得的结果相当于是一个 i、j 两国相对于世界平均水平的校准值，多边阻力变量项处理方法即为原值减去多边阻力调整后的校准值后剩余的差值。

3 | 全球贸易便利化水平变化趋势

本章主要分为两个部分，第一部分介绍 WTO《贸易便利化协定》各成员的实施进度及其所遇到的主要瓶颈及需求；第二部分介绍全球贸易便利化水平及其主要变化趋势，并分经济发展程度和地区对贸易便利化指标的各个维度展开分析。

3.1 《贸易便利化协定》实施情况

3.1.1《贸易便利化协定》实施进度

《贸易便利化协定》的生效并非即刻要求所有成员在生效时就必须已经完成所有条款的要求，而是以各成员针对各条款做出的改善承诺为依据，且对不同经济发展水平的国家实行了特殊和区别对待，对 WTO 成员中的发达成员，在加入协定生效起必须实施贸易便利化协定的各项条款，对 WTO 成员中的发展中成员和最不发达成员，各成员可以决定单个措施的执行时间以及可以要求在得到技术支持后再实施个别条款。协定执行分为 3 类承诺类型，A 类承诺须在协定生效起执行，B 类承诺在转型期后执行，C 类承诺可以在得到能力建设支持后执行。TFA 的执行在全球范围内是一个逐步的过程。截至 2022 年 5月，全球层面贸易便利化措施的实施率达到了 74.8%。

3.1.1.1 按经济发展水平分类

截至 2022 年 5 月，发达成员已经全面执行，全部为加入时执行的 A 类承诺类型；发展中成员实施率达到 76.7%，其中 A 类承诺占比达 59.7%，B类承诺占比达 11.8%，C 类承诺占比达 5.2%，已经做出 B 类承诺将在未来实施的占比达 5%，已经做出 C 类承诺将在未来实施的占比达 16.7%，尚未做出承诺的占比达 1.6%；最不发达成员实施率达到 47.2%，其中 A 类承诺占比达 27.8%，B 类承诺占比达 11.4%，C 类承诺占比达 8%，已经做出B 类承诺将在未来实施的占比达 12.9%，已经做出 C 类承诺将在未来实施的占比达 31.3%，尚未做出承诺的占比达 8.6%。从以上数据可知，成员《贸易便利化协定》的承诺能力、实施进度与其经济发展水平直接相关，详见表 3-1。

表 3-1　分成员经济发展水平《贸易便利化协定》实施率和承诺类型

成员分组	实施率	A 类承诺	B 类承诺	C 类承诺
发达成员	100%	100%	0%	0%
发展中成员	76.7%	59.7%	11.8%	5.2%
最不发达成员	47.2%	28.7%	11.4%	8%

3.1.1.2　按所在区域分类

　　截至 2022 年 5 月，实施率最高的区域是北美洲（实施率为 100%），其次是欧洲（实施率为 98.7%），最低的是非洲（实施率为 49.5%），亚洲和太平洋地区（实施率为 72.8%）、拉丁美洲和加勒比地区（实施率为 74.9%）居中。在非洲地区内部，又以东非为最低（实施率为 40.2%）、西非次之（实施率为 47.1%），南非的实施率最高，达到了 58%。在亚洲地区内部，最低的是西亚（实施率为 44.6%），其余地区实施率均超过了 70%。在拉丁美洲和加勒比地区，主要是加勒比地区（实施率为 59.2%）拉低了区域平均水平。从以上数据可知，《贸易便利化协定》的实施率在全球不同区域的分布存在显著差异性，详见表 3-2。

表 3-2　分区域《贸易便利化协定》实施率

区域分组	实施率
北美洲	100%
欧洲	98.7%
亚洲和太平洋地区	72.8%
拉丁美洲和加勒比地区	74.9%
非洲	49.5%

3.1.1.3　按措施分类

　　截至 2022 年 5 月，按照实施率从高到低排序前五项措施是：第 10.5 条，装运前检验（实施率为 92.3%）；第 9 条，受海关监管的进口货物的移动（实施率为 91.4%）；第 5.2 条，扣留（实施率为 91.4%）；第 10.9 条，货物暂准进口及进境和出境加工（实施率为 89.6%）；第 10.6 条，报关代理的使用（实施率为 88.3%）。实施率较低的五项措施是：第 10.4 条，单一窗口（实施率为 48.8%）；第 5.3 条，检验程序（实施率为 60.7%）；第 8 条，边境机构合作（实施率为 63.3%）；第 7.7 条，对经认证的经营者的贸易便利化措施（实施率为 63.6%）；第 7.4 条，风险管理（实施率为 65.5%）。详见表 3-3。

表3-3　分措施《贸易便利化协定》实施率

分组	条款	实施率
最高5项	第10.5条：装运前检验	92.3%
	第9条：受海关监管的进口货物的移动	91.4%
	第5.2条：扣留	91.4%
	第10.9条：货物暂准进口及进境和出境加工	89.6%
	第10.6条：报关代理的使用	88.3%
最低5项	第10.4条：单一窗口	48.8%
	第5.3条：检验程序	60.7%
	第8条：边境机构合作	63.3%
	第7.7条：对经认证的经营者的贸易便利化措施	63.6%
	第7.4条：风险管理	65.5%

3.1.1.4　按承诺类型分类

截至2022年5月，其中加入《贸易便利化协定》即必须实施的发达国家占比23.3%，协议生效起必须实施的A类承诺占比39%，协议生效1年后实施的B类承诺占比13.8%（其中已经执行的占8%，将在未来执行的占5.8%），得到能力建设支持后已经实施的C类承诺占比21.2%（其中已经执行的占4.5%，将在未来执行的占16.7%）。详见表3-4。

表3-4　分承诺类型《贸易便利化协定》实施率

加入即时实施	协议生效时实施的A类承诺	协议生效1年后实施的B类承诺		得到能力建设支持后已经实施的C类承诺	
		13.8%		21.2%	
23.3%	39%	已经执行	未来执行	已经执行	未来执行
		8%	5.8%	4.5%	16.7%

3.1.2　《贸易便利化协定》实施瓶颈和需求

根据前文所述目前《贸易便利化协定》的实施情况，已经具备实施能力的A类和B类承诺基本已经兑现，目前的实施瓶颈主要是C类承诺，也就是需要得到能力建设支持后才能够实施的贸易便利化协定条款。C类承诺具体分别是：第10.4条，单一窗口（占比50.6%）；第7.4条，风险管理（占比37.9%）；第5.3条，检验程序（占比37.4%）；第7.7条，对经认证的经营者的贸易便利化措施（占比37.2%）；第7.6条，确定和公布平均放行时间（占比35.3%）。详见表3-5。

表 3 - 5　《贸易便利化协定》实施瓶颈

条款编号	条款名称	报告为 C 类承诺比例
10.4	单一窗口	50.6%
7.4	风险管理	37.9%
5.3	检验程序	37.4%
7.7	对经认证的经营者的贸易便利化措施	37.2%
7.6	确定和公布平均放行时间	35.3%
8	边境机构合作	35.0%
1.2	通过互联网提供信息	32.6%
1.3	咨询点	28.5%
3	预裁定	25.8%
7.5	后续稽查	25.8%
10.1	手续和单证要求	23.2%
7.8	快运放行	21.6%
10.3	国际标准的使用	22.1%
5.1	增强监管或检查的通知	21.5%
7.2	电子支付	20.9%
12	海关合作	20.7%

各成员所做出的 C 类承诺,也就意味着无法通过自身努力达成而需要来自发达成员或有经验的成员进行能力建设的援助后才能够实施。其中,所提出的关于能力建设的需求,按比重排序依次是人力资源及培训(62.0%)、法律和管理框架(54.3%)、信息和通信科技(48.2%)、基础设施和设备(30.6%)、机构程序(23.7%)、诊断和需求评估(15.8%)、意识提升(14.9%)。详见表 3 - 6。

表 3 - 6　《贸易便利化协定》C 类承诺能力建设需求

排序	需求名称	比例
1	人力资源及培训	62.0%
2	法律和管理框架	54.3%
3	信息和通信科技	48.2%
4	基础设施和设备	30.6%
5	机构程序	23.7%
6	诊断和需求评估	15.8%
7	意识提升	14.9%

从上述能力建设的援助需求可以看到，各成员在实施《贸易便利化协定》中遇到的最主要的困难可以分为三大类。第一类是人力资本存量不足问题，这里面既缺少能够进行顶层设计层面的人力资本，也缺少具体执行层面的人员培训；第二类是硬件及技术层面，缺少一定的基础设施和通信科技作为贸易便利化的技术支持；第三类是缺少针对自身经济发展程度和成员的特殊性需求进行的有效评估。

3.2　贸易便利化指标

3.2.1　数据来源

本文选择使用 OECD 建立的贸易便利化指标（Trade Facilitation Indicators，TFIs），在 1.2.1 节中已经对贸易便利化测度的演变进行了梳理，并指出了 OECD 建立的贸易便利化指标的特点和优势。下文将对该指标进行详细的介绍和说明。该指标涵盖了《贸易便利化协定》涉及海关和其他监管部门贸易程序的条款，还额外增加了管理与公正性的内容。

该指标由 11 个二级指标，133 个基础指标组成，这些指标具体、精确、基于事实，能够体现现有贸易的相关政策和法规及其实际执行情况。数据获取的方式是 OECD 通过向政府机构和贸易商发放调查问卷并邀请其按照一定标准进行打分。OECD 对问卷收集的数据与公开来源的数据进行了交叉核对，并通过每个国家的海关管理部门再次核实以提高准确性。

3.2.2　数据构成

OECD 贸易便利化指标每个指标均以"多元二值"（Multiple Binary）的方式进行评分，其得分可能是分布于 0～2，其中，2 代表"最佳表现"，0 代表"最差表现"，1 代表"中间水平"。贸易便利化各指标得分是其子变量的简单平均值，详细构成情况见表 3-7。

表 3-7　贸易便利化指标列表

组别	指标类别	含义	基础指标	说明
A	信息可获得性	与海关或边境上规章、手续相关的信息的公布，以及透明度机制	A.1	建立清晰易识别的国家海关网站
			A.2	向海关提供在线反馈的可能性
			A.3	税率的公布
			A.4	设立咨询点
			A.5	根据商业需要调整咨询点的营业时间
			A.6	咨询点答复的及时性
			A.7	进出口程序信息的发布
			A.8	所需文档易于下载

（续）

组别	指标类别	含义	基础指标	说明
A	信息可获得性	与海关或边境上规章、手续相关的信息的公布，以及透明度机制	A.9	程序生效前提前公布信息及平均提前时间
			A.10	公布与其他国家或地区有关上述问题的协议
			A.11	线上公布关于上诉程序规则的信息
			A.12	公布海关分类的决定和实例
			A.13	公布预先裁决的必要信息
			A.14	公布违反进出口手续的处罚规则
			A.15	线上公布的适用立法
			A.16	公布关于海关事务的司法判决
			A.17	专业用户/公司及专用互动页面
			A.18	在线用户手册
B	贸易商的参与	与贸易商就边境上政策的制定进行的磋商	B.19	贸易商和其他相关方与政府之间的公开磋商
			B.20	适用于贸易和边境问题的一般性通知和评论框架程序
			B.21	制定管理公众咨询过程的指导方针和程序
			B.22	目标利益相关者
			B.23	公众咨询次数
			B.24	生效前公布的草案
			B.25	考虑公众意见
C	预裁定	政府预先公布货物分类方法、原产地规则和估值方法，并公开规则和流程	C.26	发布具有约束力的预先裁决
			C.27	关税分类预先裁定请求的年数量
			C.28	原产地预先裁定请求的年数量
			C.29	预先裁定请求的总年数量
			C.30	预先裁定有效的时间长度（持续时间）
			C.31	是否发布预先裁定的最长时间，是多长
			C.32	在最长发布时间内发布的预先裁定的百分比
			C.33	公布涉及重大公共利益的预先裁定信息
			C.34	请求重审预先裁定或其撤销/修改的可能性
			C.35	拒绝发布或撤销预先裁决是有理由的
D	上诉程序	与上诉程序规则及上诉结果的透明度、公平性、时限性及有效性相关的指标	D.36	上诉程序规则的信息可公开查询
			D.37	对于海关决定是否有独立或更高级别的行政和/或司法上诉程序
			D.38	上诉机制的及时性——提出和上诉的可用时间

（续）

组别	指标类别	含义	基础指标	说明
D	上诉程序	与上诉程序规则及上诉结果的透明度、公平性、时限性及有效性相关的指标	D. 39	上诉机制的及时性——避免不当延迟
			D. 40	关于行政部门决定理由的现有信息
			D. 41	①由海关或其他边境机构提出的有利于贸易商的申诉的平均百分比（过去三年）；②贸易商提出的有利于海关或其他边境机构的申诉的平均百分比（过去三年）；③每年行政申诉的平均数量；④每年司法申诉的平均数量
			D. 42	决定司法申诉的时限是否存在及多长
E	费用	与进出口税费相关的征收和处罚纪律	E. 43	政府机构对于进口、出口和过境的收费信息是否公布
			E. 44	费用的计算方式
			E. 45	所收取的费用总额（美元）
			E. 46	收费信息是不是全面的
			E. 47	收取费用的种类、数量和机构
			E. 48	回答查询和提供所需表格和文件的费用
			E. 49	定期审查收费标准，以确保它们仍然适当和相关
			E. 50	在公布新的或经修订的费用与这些费用生效之间留出足够的时间
			E. 51	海关是否对正常工作时间内的服务收取费用
			E. 52	对违反海关法律、法规或程序要求的行为实施处罚纪律的透明度
			E. 53	对违反海关法律、法规或程序要求的行为实施处罚纪律
			E. 54	处罚的程序保障
			E. 55	评估和征收罚款和关税中的利益冲突
			E. 56	在确定处罚时，责任人自愿披露违反海关条例是不是一个减轻处罚的因素
F	单证类手续	贸易文件的协调统一及单证数目、复杂度的降低	F. 57	接受文件副本
			F. 58	接受副本的进口、出口和过境手续所需证明文件的百分比
			F. 59	如果另一个政府机构已经持有原件，则接受复印件
			F. 60	符合国际标准
			F. 61	进口所需文件数量
			F. 62	出口所需文件数量
			F. 63	文件要求的相关边境机构对文件要求定期审阅

（续）

组别	指标类别	含义	基础指标	说明
G	自动化手续	信息通信技术的使用及其效率、风险管理程序的应用	G.64	电子结算的进口申报的百分比
			G.65	电子结算的出口申报的百分比
			G.66	允许以电子方式处理的进出口程序的百分比
			G.67	边境机构每年在自动化技术上的花费（美元）
			G.68	是否可以提前以电子格式提交文件的方式支持抵达前处理
			G.69	进出口程序允许以电子方式支付进出口时收取的关税、税款、费用和收费（包括检查费、执照费、许可证费、其他费用）
			G.70	与自动报关/货物处理系统集成的电子支付系统
			G.71	风险管理在自动化环境中的应用和运行
			G.72	信息技术支持的统一窗口
			G.73	能够接收和交换电子数据的信息技术系统
			G.74	自动化处理系统包括允许根据条件放行货物的功能
			G.75	数字证书和签名
			G.76	全天（24/7）自动处理海关申报
H	程序性手续	与海关通关程序操作相关的主要业务	H.77	单一窗口
			H.78	平均放行时间的公布，是多少
			H.79	是否允许货物到达前进行通关流程，百分比是多少
			H.80	接受实物检验的货物百分比
			H.81	易腐货物与非易腐货物进行实物检验时在时效性方面区别对待，易腐货物实物检验的百分比
			H.82	易腐货物与非易腐货物进行实物检验时在储存条件方面区别对待
			H.83	与最终确定和支付关税分离的货物放行
			H.84	最终确定和支付关税、税款、费用和收费前货物放行的百分比；在最终确定和支付关税、税款、费用和收费之前，易腐货物放行的百分比
			H.85	在放行和清关分离方面，易腐货物与非易腐货物区别对待
			H.86	由风险管理系统支持的海关管理，允许通过适当的选择性标准评估风险
			H.87	风险管理系统是否支持其他边境管理

（续）

组别	指标类别	含义	基础指标	说明
H	程序性手续	与海关通关程序操作相关的主要业务	H.88	海关是否使用风险通道（绿色、黄色、红色）进行清关
			H.89	在清关后审核是否遵守海关和其他相关法律法规
			H.90	建立标准政策和程序来指导清关后审核
			H.91	使用海关事务所需的装运前检查
			H.92	向符合特定标准的经营者（授权经营者）提供额外贸易便利化措施的可能性
			H.93	授权运营商的资格标准的透明度，以及提交和审查授权运营商状态申请的程序
			H.94	授权经营者占贸易商总数的百分比
			H.95	授权运营商处理的年交易量百分比
			H.96	获得授权运营商认证所需的平均时间
			H.97	为授权运营商提供的便利服务
			H.98	根据商业需要调整海关人员的工作时间
			H.99	要求由第三方报关公司清关
			H.100	快速放行程序
			H.101	拒收货物的再出口程序
			H.102	货物暂时进口及进出口加工
I	边境机构的内部合作	成员各边境口岸机构之间的合作	I.103	参与跨境贸易管理的国内机构活动的一般合作和协调，以提高边境管理效率和促进贸易
			I.104	支持机构间协调的制度化机制
			I.105	国内机构间建立定期开会协调机制，制定战略并监督边境机构合作的实施
			I.106	参与跨境贸易管理的机构之间数据要求和文件控制的国内协调/统一
			I.107	参与跨境贸易管理的国内机构之间的互联或共享计算机系统以及相关数据的实时可用性
			I.108	参与跨境贸易管理的各机构之间检查的国内协调
			I.109	参与跨境贸易管理的各机构分享检查和管理结果，以提高边境控制效率和促进贸易
			I.110	国家一级的控制授权
			I.111	协调/共享风险管理机制
			I.112	授权运营商计划
			I.113	协调/共享基础设施和设备的使用

（续）

组别	指标类别	含义	基础指标	说明
J	边境机构的外部合作	与邻国及第三国之间的合作	J.114	跨境合作和协调参与跨境贸易管理的机构的活动，以提高边境管制效率和促进贸易
			J.115	在适用的情况下，在陆地边界与邻国保持工作日和工作时间一致
			J.116	在适用的情况下，在边境与邻国协调程序和手续
			J.117	数据要求和文件控制的跨境协调/统一
			J.118	不同计算机系统的跨境协调/统一
			J.119	风险管理合作
			J.120	相邻国家在边境口岸系统分享管理结果，以改进风险分析和边境管理的效率，并促进合法贸易
			J.121	在适用的情况下，在过境点与邻国发展和共享共同设施
			J.122	在适用的情况下，在过境点与邻国进行联合管理
			J.123	在适用的情况下，授权运营商互认协议
			J.124	国际层面的人员交流和培训方案
K	管理与公正性	反映政府管理水平和管理特点的指标	K.125	明确建立透明的边境机构结构和职能
			K.126	适用于边境机构的行为准则
			K.127	边境机构制定的行为守则
			K.128	有效制裁边境机构工作人员的不当行为
			K.129	参与边境程序的各机构建立的有利于内部沟通的政策和程序
			K.130	参与边境程序的各机构建立内部审计机制
			K.131	对边境机构工作人员的违规处罚透明且适度
			K.132	对海关机关的筹资作出明确规定
			K.133	出版年度海关报告

注：表中 24/7 表示 1 周 7 天，1 天 24 小时。

　　贸易便利化指标（TFIs）数据收集项目 2013 年首次启动，每两年更新一次，截至 2022 年 5 月，公开渠道仅能获取 2017 年、2019 年两个年份的数据，该指数涵盖了 163 个不同收入水平、地理区域和发展水平的经济体。该指标具有基于事实、措施细分、横向可比、时间连续等多个优点，是用于分析全球贸易便利化水平分布、发展及影响的优选数据来源。

3.3 全球贸易便利化水平变化趋势

3.3.1 全球贸易便利化水平整体情况

由于此数据为较为详细的数据，个别国家在细分指标上有数据错失。本文选取 2017 年、2019 年两个年份均数据完整的国家，共有 150 个国家。根据相关数据显示，2017 年全球 TFIs 平均水平为 1.108，2019 年全球 TFIs 平均水平为 1.206，全球贸易便利化水平显著提高，平均增长幅度为 9％。为了清晰展示截面年份上全球各区域的贸易便利化水平及其变动情况，本文通过表3-8列出各国 2017 年和 2019 年贸易便利化平均水平及其增长率。

表 3-8 各国贸易便利化平均值

序号	中文国家名称	英文国家名称	国家代码	2017 年贸易便利化平均值	2019 年贸易便利化平均值	2019 年较 2017 年增长率
1	阿尔巴尼亚	Albania	ALB	1.153	1.371	18.9％
2	阿尔及利亚	Algeria	DZA	0.792	0.827	4.4％
3	安哥拉	Angola	AGO	0.751	0.801	6.7％
4	安提瓜和巴布达	Antigua and Barbuda	ATG	0.695	0.765	10.1％
5	阿根廷	Argentina	ARG	1.314	1.477	12.4％
6	亚美尼亚	Armenia	ARM	0.999	1.382	38.3％
7	澳大利亚	Australia	AUS	1.727	1.790	3.6％
8	奥地利	Austria	AUT	1.705	1.768	3.7％
9	阿塞拜疆	Azerbaijan	AZE	1.119	1.231	10.0％
10	巴哈马	Bahamas	BHS	0.728	0.648	−11.0％
11	巴林	Bahrain	BHR	1.050	1.012	−3.6％
12	孟加拉国	Bangladesh	BGD	0.783	0.951	21.5％
13	巴巴多斯	Barbados	BRB	0.716	0.596	−16.8％
14	白俄罗斯	Belarus	BLR	0.568	0.694	22.2％
15	比利时	Belgium	BEL	1.680	1.718	2.3％
16	伯利兹	Belize	BLZ	0.407	0.518	27.3％
17	贝宁	Benin	BEN	0.624	0.684	9.6％
18	玻利维亚	Bolivia	BOL	0.939	0.852	−9.3％
19	波黑	Bosnia and Herzegovina	BIH	1.049	1.198	14.2％
20	博茨瓦纳	Botswana	BWA	1.122	1.174	4.6％
21	巴西	Brazil	BRA	1.237	1.515	22.5％
22	文莱	Brunei Darussalam	BRN	1.189	1.357	14.1％

（续）

序号	中文国家名称	英文国家名称	国家代码	2017年贸易便利化平均值	2019年贸易便利化平均值	2019年较2017年增长率
23	保加利亚	Bulgaria	BGR	1.491	1.620	8.7%
24	布基纳法索	Burkina Faso	BFA	0.549	0.646	17.7%
25	布隆迪	Burundi	BDI	0.429	0.471	9.8%
26	柬埔寨	Cambodia	KHM	0.916	1.132	23.6%
27	喀麦隆	Cameroon	CMR	0.960	0.988	2.9%
28	加拿大	Canada	CAN	1.716	1.758	2.4%
29	中非	Central African Republic	CAF	0.317	0.504	59.0%
30	乍得	Chad	TCD	0.321	0.355	10.6%
31	智利	Chile	CHL	1.464	1.556	6.3%
32	中国	China	CHN	1.356	1.561	15.1%
33	哥伦比亚	Colombia	COL	1.463	1.543	5.5%
34	刚果（布）	Congo	COG	0.797	0.809	1.5%
35	哥斯达黎加	Costa Rica	CRI	1.396	1.564	12.0%
36	科特迪瓦	Côte d'Ivoire	CIV	0.699	0.776	11.0%
37	科摩罗	Comoros	COM	0.269	0.383	42.4%
38	克罗地亚	Croatia	HRV	1.573	1.740	10.6%
39	塞浦路斯	Cyprus	CYP	1.592	1.746	9.7%
40	捷克	Czech Republic	CZE	1.546	1.567	1.4%
41	丹麦	Denmark	DNK	1.744	1.747	0.2%
42	吉布提	Djibouti	DJI	0.387	0.353	−8.8%
43	多米尼克	Dominica	DMA	0.833	0.836	0.4%
44	多米尼加	Dominican Republic	DOM	1.100	1.270	15.5%
45	厄瓜多尔	Ecuador	ECU	1.084	1.201	10.8%
46	埃及	Egypt	EGY	1.192	1.194	0.2%
47	萨尔瓦多	El Salvador	SLV	1.278	1.403	9.8%
48	爱沙尼亚	Estonia	EST	1.736	1.782	2.6%
49	斯威士兰	Eswatini	SWZ	0.666	0.746	12.0%
50	埃塞俄比亚	Ethiopia	ETH	0.714	0.736	3.1%
51	斐济	Fiji	FJI	1.192	1.082	−9.2%
52	芬兰	Finland	FIN	1.743	1.817	4.2%
53	法国	France	FRA	1.777	1.788	0.6%
54	加蓬	Gabon	GAB	0.458	0.521	13.8%

（续）

序号	中文国家名称	英文国家名称	国家代码	2017年贸易便利化平均值	2019年贸易便利化平均值	2019年较2017年增长率
55	冈比亚	Gambia	GMB	0.541	0.693	28.1%
56	格鲁吉亚	Georgia	GEO	1.552	1.584	2.1%
57	德国	Germany	DEU	1.777	1.806	1.6%
58	加纳	Ghana	GHA	0.900	0.925	2.8%
59	希腊	Greece	GRC	1.485	1.525	2.7%
60	危地马拉	Guatemala	GTM	1.117	1.247	11.6%
61	洪都拉斯	Honduras	HND	0.772	0.965	25.0%
62	匈牙利	Hungary	HUN	1.443	1.464	1.5%
63	印度	India	IND	1.253	1.524	21.6%
64	印度尼西亚	Indonesia	IDN	1.126	1.340	19.0%
65	爱尔兰	Ireland	IRL	1.747	1.777	1.7%
66	以色列	Israel	ISR	1.453	1.523	4.8%
67	意大利	Italy	ITA	1.621	1.659	2.3%
68	牙买加	Jamaica	JAM	0.785	0.829	5.6%
69	日本	Japan	JPN	1.719	1.806	5.1%
70	约旦	Jordan	JOR	0.929	1.024	10.2%
71	哈萨克斯坦	Kazakhstan	KAZ	0.979	1.103	12.7%
72	肯尼亚	Kenya	KEN	1.211	1.284	6.0%
73	基里巴斯	Kiribati	KIR	0.396	0.298	−24.7%
74	韩国	Korea	KOR	1.817	1.863	2.5%
75	科威特	Kuwait	KWT	0.742	0.953	28.4%
76	吉尔吉斯斯坦	Kyrgyzstan	KGZ	0.989	0.975	−1.4%
77	老挝	Lao PDR	LAO	0.695	0.891	28.2%
78	拉脱维亚	Latvia	LVA	1.600	1.677	4.8%
79	黎巴嫩	Lebanon	LBN	0.836	0.908	8.6%
80	莱索托	Lesotho	LSO	0.711	0.763	7.3%
81	利比里亚	Liberia	LBR	0.471	0.534	13.4%
82	立陶宛	Lithuania	LTU	1.701	1.720	1.1%
83	卢森堡	Luxembourg	LUX	1.744	1.799	3.2%
84	马达加斯加	Madagascar	MDG	0.893	0.998	11.8%
85	马拉维	Malawi	MWI	0.622	0.718	15.4%
86	马来西亚	Malaysia	MYS	1.272	1.418	11.5%

（续）

序号	中文国家名称	英文国家名称	国家代码	2017年贸易便利化平均值	2019年贸易便利化平均值	2019年较2017年增长率
87	马尔代夫	Maldives	MDV	0.699	0.824	17.9%
88	马里	Mali	MLI	0.559	0.722	29.2%
89	马耳他	Malta	MLT	1.590	1.639	3.1%
90	毛里求斯	Mauritius	MUS	1.630	1.622	−0.5%
91	墨西哥	Mexico	MEX	1.486	1.549	4.2%
92	摩尔多瓦	Moldova	MDA	0.994	1.076	8.2%
92	蒙古国	Mongolia	MNG	1.172	1.171	−0.1%
94	摩洛哥	Morocco	MAR	1.408	1.557	10.6%
95	莫桑比克	Mozambique	MOZ	0.556	0.788	41.7%
96	缅甸	Myanmar	MMR	0.535	1.038	94.0%
97	纳米比亚	Namibia	NAM	0.683	0.894	30.9%
98	尼泊尔	Nepal	NPL	0.690	0.701	1.6%
99	荷兰	Netherlands	NLD	1.855	1.869	0.8%
100	新西兰	New Zealand	NZL	1.735	1.776	2.4%
101	尼加拉瓜	Nicaragua	NIC	1.245	1.319	5.9%
102	尼日尔	Niger	NER	0.370	0.546	47.6%
103	尼日利亚	Nigeria	NGA	0.824	0.893	8.4%
104	北马其顿	North Macedonia	MKD	1.110	1.257	13.2%
105	挪威	Norway	NOR	1.781	1.823	2.4%
106	阿曼	Oman	OMN	0.967	1.728	78.7%
107	巴基斯坦	Pakistan	PAK	1.166	1.346	15.4%
108	巴拿马	Panama	PAN	1.306	1.434	9.8%
109	巴布亚新几内亚	Papua New Guinea	PNG	0.819	0.955	16.6%
110	巴拉圭	Paraguay	PRY	0.920	1.166	26.7%
111	秘鲁	Peru	PER	1.428	1.498	4.9%
112	菲律宾	Philippines	PHL	1.028	1.229	19.6%
113	波兰	Poland	POL	1.656	1.779	7.4%
114	葡萄牙	Portugal	PRT	1.686	1.773	5.2%
115	卡塔尔	Qatar	QAT	0.907	1.290	42.2%
116	俄罗斯	Russia	RUS	1.284	1.699	32.3%
117	卢旺达	Rwanda	RWA	0.839	0.887	5.7%
118	沙特阿拉伯	Saudi Arabia	SAU	1.221	1.469	20.3%

（续）

序号	中文国家名称	英文国家名称	国家代码	2017年贸易便利化平均值	2019年贸易便利化平均值	2019年较2017年增长率
119	塞内加尔	Senegal	SEN	1.167	1.175	0.7%
120	塞拉利昂	Sierra Leone	SLE	0.520	0.526	1.2%
121	新加坡	Singapore	SGP	1.754	1.804	2.9%
122	斯洛伐克	Slovak Republic	SVK	1.587	1.632	2.8%
123	斯洛文尼亚	Slovenia	SVN	1.680	1.735	3.3%
124	所罗门群岛	Solomon Islands	SLB	0.390	0.539	38.2%
125	南非	South Africa	ZAF	1.497	1.583	5.7%
126	西班牙	Spain	ESP	1.735	1.778	2.5%
127	斯里兰卡	Sri Lanka	LKA	0.986	1.072	8.7%
128	苏丹	Sudan	SDN	0.376	0.500	33.0%
129	苏里南	Suriname	SUR	0.376	0.414	10.1%
130	瑞典	Sweden	SWE	1.765	1.828	3.6%
131	瑞士	Switzerland	CHE	1.592	1.738	9.2%
132	塔吉克斯坦	Tajikistan	TJK	0.670	0.908	35.5%
133	坦桑尼亚	Tanzania	TZA	0.905	0.906	0.1%
134	泰国	Thailand	THA	1.377	1.439	4.5%
135	多哥	Togo	TGO	0.654	0.730	11.6%
136	特立尼达和多巴哥	Trinidad and Tobago	TTO	1.041	1.104	6.1%
137	突尼斯	Tunisia	TUN	1.132	1.258	11.1%
138	土耳其	Turkey	TUR	1.482	1.558	5.1%
139	乌干达	Uganda	UGA	0.867	0.940	8.4%
140	乌克兰	Ukraine	UKR	0.997	1.048	5.1%
141	阿拉伯联合酋长国	United Arab Emirates	ARE	1.347	1.344	−0.2%
142	英国	United Kingdom	GBR	1.747	1.836	5.1%
143	美国	United States	USA	1.824	1.827	0.2%
144	乌拉圭	Uruguay	URY	1.390	1.488	7.1%
145	乌兹别克斯坦	Uzbekistan	UZB	0.627	0.713	13.7%
146	瓦努阿图	Vanuatu	VUT	0.837	0.975	16.5%
147	越南	Viet Nam	VNM	1.364	1.490	9.2%
148	萨摩亚	The Independent State of Samoa	WSM	0.660	0.900	36.4%
149	赞比亚	Zambia	ZMB	0.811	0.825	1.7%
150	津巴布韦	Zimbabwe	ZWE	0.823	0.888	7.9%

综合来看，排名较高的国家主要集中在北美洲和欧洲地区，中国、俄罗斯、印度、巴西等新兴市场国家进步很快，但仍旧与发达国家存在一定差距，而非洲和拉丁美洲国家虽有进步但仍旧需要能力建设的援助，个别内陆国家出现了倒退的情况。整体来说，全球贸易便利化仍有很大的提升空间。

分二级指标来看，见图 3-1，各贸易便利化指标间存在显著差异。2017年，绝对水平最高的是 E 费用，与进出口税费相关的征收费用。绝对水平最低的是 I 边境机构的内部合作和 J 边境机构的外部合作。这说明，在目前贸易开展的过程中，与征收费用相关的各项措施是世界各国完成度最高的，因为直接与贸易的收益相关。边境机构的合作最为困难，因为通常来讲，边境机构由多部门管理，数据标准不一，又存在业务开展的历史惯性，协调成本高成了贸易便利化改革的痛点。从趋势来看，所有指标均有一定程度的增长，增长幅度最大的是 H 程序性手续、C 预裁定和 F 单证类手续，增幅分别为 14.1%、14% 和 12%；增长幅度最小的是 K 管理与公正性和 J 边境机构的外部合作，增幅分别为 2.9% 和 3.9%。

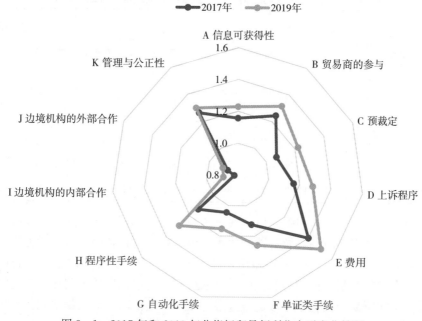

图 3-1　2017 年和 2019 年分指标贸易便利化水平变化情况

3.3.2　全球贸易便利化水平分指标情况——按国家经济发展水平分组

根据世界银行在各年份对各国经济发展水平分组的标准将各国划分为高收

入组（H）、中高收入组（UM）、中低收入组（LM）和低收入组（L）4 组，下面分别介绍 2017 年和 2019 年按国家经济发展水平分组的各指标平均水平，详见表 3-9 和表 3-10。

表 3-9　分指标贸易便利化情况——按国家经济发展水平分组（2017 年）

经济发展水平	国家数量	贸易便利化整体水平	A 信息可获得性	B 贸易商的参与	C 预裁定	D 上诉程序	E 费用	F 单据类手续	G 自动化手续	H 程序性手续	I 边境机构的内部合作	J 边境机构的外部合作	K 管理与公正性
H	51	1.504	1.535	1.565	1.457	1.524	1.693	1.628	1.537	1.458	1.172	1.380	1.652
UM	37	1.064	1.112	1.233	1.131	1.202	1.324	1.059	1.021	1.066	0.746	0.663	1.195
LM	39	0.915	0.992	1.094	0.889	0.946	1.300	0.816	0.775	0.937	0.643	0.595	1.144
L	23	0.625	0.636	0.791	0.392	0.635	1.031	0.606	0.425	0.818	0.430	0.511	0.630
平均值		1.108	1.152	1.242	1.066	1.158	1.398	1.120	1.041	1.128	0.818	0.867	1.258

表 3-10　分指标贸易便利化情况——国家经济发展水平分组（2019 年）

经济发展水平	国家数量	贸易便利化整体水平	A 信息可获得性	B 贸易商的参与	C 预裁定	D 上诉程序	E 费用	F 单据类手续	G 自动化手续	H 程序性手续	I 边境机构的内部合作	J 边境机构的外部合作	K 管理与公正性
H	51	1.589	1.635	1.643	1.650	1.526	1.792	1.662	1.625	1.592	1.283	1.406	1.701
UM	38	1.210	1.193	1.369	1.301	1.306	1.453	1.304	1.181	1.333	0.846	0.741	1.312
LM	43	0.970	0.999	1.103	0.951	1.183	1.331	0.909	0.820	1.052	0.657	0.602	1.097
L	18	0.678	0.661	0.749	0.450	0.771	1.206	0.828	0.504	0.897	0.388	0.473	0.536
平均值		1.206	1.224	1.312	1.217	1.281	1.503	1.256	1.147	1.288	0.886	0.900	1.293

由表 3-9 和表 3-10 可知，贸易便利化与一国经济发展水平显著相关，一国经济发展水平越高其贸易便利化水平也越高，且在各个分项指标上都呈现这一规律。2019 年与 2017 年相比，高收入国家的贸易便利化已处于高位水平，改进空间有限，而中低和低收入国家虽有一定增长但并不明显，中高收入国家的平均贸易便利化水平改进成效最为突出，是推动全球贸易便利化平均水平上升的主要动力来源。

3.3.3　全球贸易便利化水平分指标情况——按所在区域分组

根据各国所在区域将全球各国分为 7 个主要区域，下面分别介绍 2017 年和 2019 年按所在区域分组的各指标平均水平，详见表 3-11 和表 3-12。

表 3 – 11 分指标贸易便利化情况——按所在区域分组（2017 年）

所在区域	国家数量	贸易便利化整体水平	A 信息可获得性	B 贸易商的参与	C 预裁定	D 上诉程序	E 费用	F 单证类手续	G 自动化手续	H 程序性手续	I 边境机构的内部合作	J 边境机构的外部合作	K 管理与公正性
欧洲	39	1.515	1.537	1.586	1.663	1.539	1.685	1.487	1.530	1.458	1.141	1.343	1.732
北美洲	2	1.770	1.905	1.930	1.629	1.670	1.790	1.880	1.710	1.760	1.750	1.460	2.000
拉丁美洲和加勒比地区	25	1.061	1.127	1.200	1.021	1.186	1.369	1.122	1.050	1.013	0.705	0.688	1.190
亚洲和太平洋地区	28	1.095	1.163	1.209	1.028	1.054	1.346	1.095	1.028	1.099	0.955	0.829	1.500
中亚	4	0.816	0.685	1.073	1.409	1.107	1.208	0.362	0.643	0.762	0.385	0.470	0.875
中东和北非	15	1.064	1.114	1.188	0.891	1.236	1.389	1.259	0.999	1.101	0.725	0.719	1.087
撒哈拉以南非洲	37	0.733	0.780	0.936	0.497	0.771	1.158	0.733	0.552	0.895	0.498	0.555	0.709

表 3 – 12 分指标贸易便利化情况——按所在区域分组（2019 年）

所在区域	国家数量	贸易便利化整体水平	A 信息可获得性	B 贸易商的参与	C 预裁定	D 上诉程序	E 费用	F 单证类手续	G 自动化手续	H 程序性手续	I 边境机构的内部合作	J 边境机构的外部合作	K 管理与公正性
欧洲	39	1.605	1.615	1.665	1.780	1.554	1.754	1.677	1.593	1.587	1.260	1.398	1.785
北美洲	2	1.792	1.905	1.880	1.746	1.710	1.860	1.820	1.770	1.725	1.725	1.595	2.000
拉丁美洲和加勒比地区	25	1.150	1.187	1.299	1.146	1.272	1.423	1.204	1.139	1.286	0.757	0.725	1.221
亚洲和太平洋地区	28	1.224	1.240	1.327	1.272	1.366	1.469	1.186	1.126	1.280	1.009	0.841	1.490
中亚	4	0.925	0.715	1.107	1.483	1.183	1.383	0.800	0.790	0.995	0.385	0.455	0.875
中东和北非	15	1.205	1.251	1.285	1.252	1.339	1.567	1.280	1.162	1.275	0.874	0.799	1.180
撒哈拉以南非洲	37	0.809	0.830	0.939	0.558	0.900	1.287	0.905	0.697	0.993	0.509	0.569	0.734

分区域来看，不同地区间的贸易便利化发展水平存在显著差异。欧洲和北美洲水平最高，撒哈拉以南非洲和中亚地区最低，拉丁美洲和加勒比地区、中东和北非、亚洲和太平洋地区居于中间水平（表 3 - 11）。从分项指标上看，高水平区域几乎在各个指标上都处于较高水平，低水平的区域则存在一定差异。比如中亚地区和撒哈拉以南非洲地区的贸易便利化平均水平相似，但中亚的 C 预裁定指标平均水平为 1.483，显著高于撒哈拉以南非洲地区的 0.558；而撒哈拉以南非洲地区的 F 单证类手续、I 边境机构的内部合作、J 边境机构的外部合作等指标则高于中亚地区（表 3 - 12）。各区域的改进路径也各不相同，由图 3 - 2～图 3 - 8 可以看出各区域的贸易便利化提升路径选择。

从各区域的改进路径来看，不同地区间提高的贸易便利化发展水平的路径存在显著差异。欧洲主要是提高 F 单证类手续和 C 预裁定，北美洲则主要是改进 C 预裁定和 J 边境机构的外部合作两项措施。可以看到，北美洲和欧洲贸易便利化已经处于较高阶段，除了处理优化单证手续的复杂度外，还将工作关口前移，通过预裁定的方式对货物分类方法、原产地规则和估值方法等进行公开，并对处理时限提出要求，极大地提高了贸易过程的可预测性，降低了不确定性。其他地区的改进可以看到，受限于人力物力财力，贸易便利化改进无法一蹴而就，有单一改进和齐头并进多种路径选择方式。如拉丁美洲和加勒比地区主要是通过改进 H 程序性手续来提高贸易便利化水平；而亚洲和太平洋地区主要是改进了 D 上诉程序和 C 预裁定两项措施；中亚地区主要是许多维度

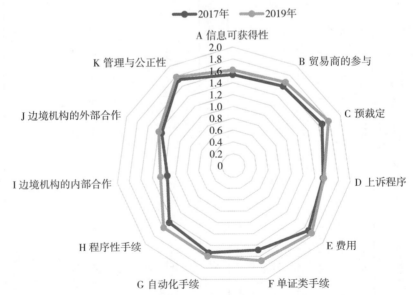

图 3 - 2　2017 年和 2019 年分指标贸易便利化水平变化情况（欧洲）

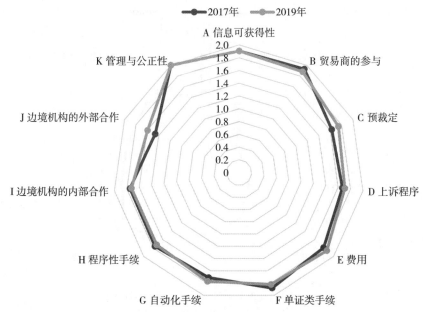

图 3-3　2017 年和 2019 年分指标贸易便利化水平变化情况（北美洲）

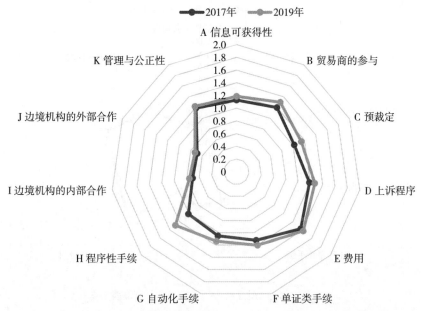

图 3-4　2017 年和 2019 年分指标贸易便利化水平变化情况（拉丁美洲和加勒比地区）

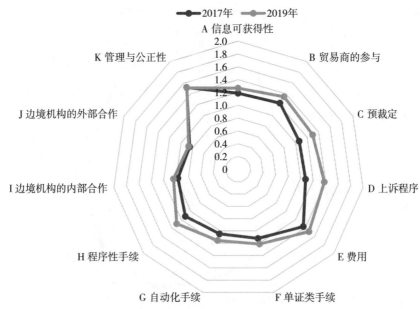

图 3-5 2017 年和 2019 年分指标贸易便利化水平变化情况（亚洲和太平洋地区）

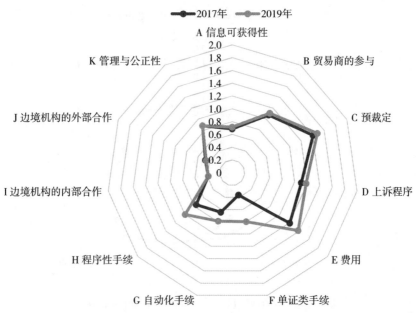

图 3-6 2017 年和 2019 年分指标贸易便利化水平变化情况（中亚）

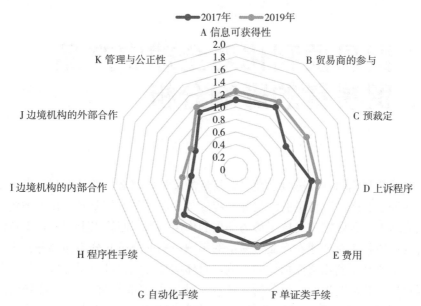

图 3-7 2017 年和 2019 年分指标贸易便利化水平变化情况（中东和北非）

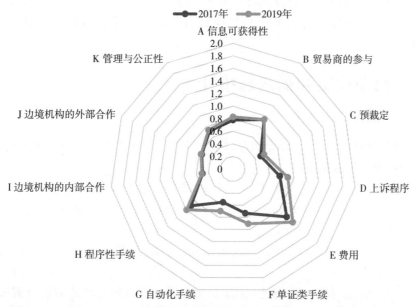

图 3-8 2017 年和 2019 年分指标贸易便利化水平变化情况（撒哈拉以南非洲）

没有改变，但大幅改进和提升了 F 单证类手续这一措施的综合水平；中东和北非地区主要是显著提高了 C 预裁定这一项措施的水平，同时几乎在每一个指标的维度上都取得了一定进展；而撒哈拉以南非洲地区主要是提升 F 单证类手续和 G 自动化手续水平。

4 │ 贸易便利化对全球农产品贸易量的影响分析

贸易便利化的首要影响是促进贸易量的增长，那么，贸易便利化提高是否同样促进了农产品贸易量的增长呢？程度与非农产品有何差异？在各类贸易便利化措施中，哪些措施发挥了最为突出的作用？为了回答以上问题，本章定量分析贸易便利化对全球农产品贸易量的影响，实证分析共分为四部分：第一部分，测度贸易便利化整体指标的影响，对样本是否包含进口国-出口国-行业层面零贸易值的情况进行对比分析，解释本研究所选取数据与传统研究结论的异同；第二部分，测度贸易便利化分项指标的影响，并对其在农产品和非农产品领域影响的异质性进行探讨；第三部分，将贸易双方按收入水平分组进行讨论；第四部分，对贸易便利化改进对全球农产品贸易的增长潜力进行预测。

4.1 模型设定和描述性统计

4.1.1 模型设定

本章在传统贸易引力模型的基础上，构建了包含多边阻力项的扩展贸易引力模型，模型设置如下：

$$
\begin{aligned}
\ln x_{ijt}^k = {} & \beta_0^k + \beta_1^k \ln TFI_{it} + \beta_2^k \ln TFI_{jt} + \beta_3^k \ln distance_{ij_{MR}} + \\
& \beta_4^k \, contiguity_{ij_{MR}} + \beta_5^k \, language_{ij_{MR}} + \beta_6^k \, colony_{ij_{MR}} + \\
& \beta_7^k \, smctry_{ij_{MR}} + \beta_8^k \, rta_{ij_{MR}} + \beta_9^k \ln(1 + t_{ijt}^k) + \\
& \beta_{10}^k \ln GDP_{it} + \beta_{11}^k \ln GDP_{jt} + D_t + D_k + \varepsilon_{ijt}^k
\end{aligned}
$$

$$(4-1)$$

其中，$\ln x_{ijt}^k$ 表示 t 时期进口国 i 从出口国 j 进口的 k 产品的进口贸易量，用贸易额表征（由于进口数据比出口数据更能够涵盖实际到岸价格和更具有统计完备性，本文选择使用进口数据进行分析，即 j 对 i 的出口为 i 从 j 的进口数据），并取自然对数；$\ln TFI_{it}$ 和 $\ln TFI_{jt}$ 表示贸易双方中进口国 i 和出口国 j 的贸易便利化指标；$\ln distance_{ij_{MR}}$、$contiguity_{ij_{MR}}$、$language_{ij_{MR}}$、$colony_{ij_{MR}}$、$smctry_{ij_{MR}}$、$rta_{ij_{MR}}$、$\ln(1 + t_{ijt}^k)$ 表示一系列控制变量，分别表示

i 国、j 国地理距离、是否共同边界、是否共同官方语言、是否有殖民地历史、是否曾为同一国家、是否处于同一自贸协定和进口国关税水平；$\ln GDP_{it}$、$\ln GDP_{jt}$ 代表 t 时期 i 国、j 国的 GDP；D_t、D_k 分别表示年份固定效应和产品固定效应，ε_{ijt}^k 为随机误差项，β_0^k 为常数项，$\beta_1^k \sim \beta_{11}^k$ 为待估计参数。方程（4-1）控制了双向固定效应，年份固定效应可以剔除不可观测的宏观变量对农产品贸易量的影响，例如极端天气可能在一年里对所有农产品的生产和贸易产生不利影响；产品固定效应用以控制不同农产品平均贸易量的不同。因此，β_1^k、β_2^k 即为贸易便利化对贸易量的净效应。

这里对模型可能存在的内生性问题进行说明。第一，贸易量与贸易便利化水平之间可能存在反向因果关系。即贸易体量越大的国家，可能更有经验和能力对贸易便利化措施进行优化。本书所使用的面板数据和引力变量可以在一定程度上解决这一问题。在对贸易便利化水平的系数进行估计时，核心并不是贸易量的水平，而是同一组国家之间的贸易量在时间维度上的变化。而贸易量在时间维度上的变化，从逻辑上难以对贸易便利化水平产生较强的反向作用。第二，存在遗漏变量的可能。具体来说，一国政府开展贸易的意愿作为不可观测变量，可能同时对贸易量与贸易便利化水平产生影响，进而导致模型系数估计有偏。首先，一国开展贸易的意愿与贸易便利化水平是难以分割的，甚至是一体的概念。贸易便利化水平本身就是一国政府意志的体现。其次，随着全球化不断深入，国家间贸易联系日益密切，几乎没有国家完全不希望扩大任何进出口贸易从而选择不去进行贸易便利化提高的努力。最后，一国贸易便利化水平的高低不取决于某一贸易对象，也不取决于某一特定产品，而是一个国家针对所有贸易伙伴所有产品的进出口需求和自身能力及重视程度、策略选择最终达到的一种平衡，反向互相影响有限。

4.1.2 变量定义及数据来源

本文通过整理贸易数据、贸易便利化数据和其他控制变量数据，得到一套 2017—2019 年 3 个年度的完全平衡面板数据，总数据为 3 年×96 类产品×150×149① 个国家组合，共计 6 436 800 个观测值，覆盖了各个区域和经济发展水平的 150 个国家。其中，按区域分，北美洲 2 个，欧洲 39 个，亚洲及太平洋地区 28 个，拉丁美洲和加勒比地区 25 个，中亚 4 个，中东和北非 15 个，撒哈拉以南非洲 37 个；按经济发展水平分，高收入国家 51 个，中高收入国家 38 个，中低收入国家 43 个，低收入国家 18 个。本文选取的样本国家占世界

---

① 代表每个国家和除本国以外其他国家的组合。

GDP 总量的 95％、贸易总额的 88％，具有较高的代表性。

4.1.2.1　被解释变量

进口额（ x_{ijt}^k ），涵盖所有 HS-2 分位产品数据，以现价美元形式计价。其中，农产品领域定义为 HS-2 分位代码 01～24、50～52 的产品，其余产品为非农产品领域。双边贸易数据来自 UN Comtrade 数据库。

4.1.2.2　核心解释变量

贸易便利化指标（ TFI_{it} 、 TFI_{jt} ），分为总体指标和分项指标，取值均为 0～2。贸易便利化数据来自 OECD 专项调查，目前仅公开了 2017 年和 2019 年两个年份数据，通过移动平均方式对 2018 年进行赋值，得到 2017—2019 年 3 个年份的数据。

4.1.2.3　控制变量

（1）多边阻力下的贸易成本变量

是否处于同一自贸协定数据来自 WTO 网站后整理而得，其中 $\ln distance_{ij_{MR}}$ 、 $contiguity_{ij_{MR}}$ 、 $language_{ij_{MR}}$ 、 $colony_{ij_{MR}}$ 、 $smctry_{ij_{MR}}$ 、 $rta_{ij_{MR}}$ 代表 i 国、 j 国地理距离、是否共同边界、是否共同官方语言、是否有殖民地历史、是否曾为同一国家和是否处于同一自贸协定，数据来自法国智库国际研究中心（CEPII）数据库；多边阻力下的贸易成本变量由本书计算得出，详细的计算方法见本书第 2 章中理论基础中的 2.2.4 节。

（2）经济发展水平变量

$\ln GDP_{it}$ 、 $\ln GDP_{jt}$ 代表 t 时期 i 国、 j 国之间的双边 GDP 规模，衡量经济规模和需求强度，在引力模型中通常认为双边经济规模越大，贸易量也越大。数据来自世界银行世界发展指标（WDI）数据库。

（3）关税水平变量

$\ln(1+t_{ijt}^k)$ 代表进口国关税水平，数据来自 WTO 网站，本书整理后细至 HS-2 分位产品层面。关税在产品层面是影响贸易量的重要因素，关税越高，双边贸易量越低。

4.1.3　描述性统计

以上所有变量的描述性统计及预期方向详见表 4-1。

表 4-1　变量含义和描述性统计

变量分类	变量代码	含义	描述性统计					预期
			样本数	均值	标准误	最小值	最大值	
贸易量	$\ln x_{ijt}^k$	i 国从 j 国 t 年 k 产品进口额对数	6 436 800	2.980	5.385	0.000	25.772	/

（续）

变量分类	变量代码	含义	描述性统计					预期
			样本数	均值	标准误	最小值	最大值	
多边阻力下的贸易成本变量	$\ln distance_{ij_{MR}}$	地理距离	6 436 800	−0.136	0.715	−4.670	1.128	−
	$contiguity_{ij_{MR}}$	是否共同边界	6 436 800	0.020	0.155	−0.456	1.062	+
	$language_{ij_{MR}}$	是否共同官方语言	6 436 800	−0.020	0.321	−0.594	1.122	+
	$colony_{ij_{MR}}$	是否有殖民地历史	6 436 800	0.012	0.114	−0.639	1.066	+
	$smctry_{ij_{MR}}$	是否曾为同一国家	6 436 800	0.010	0.098	−0.207	1.006	+
	$rta_{ij_{MR}}$	是否处于同一自贸协定	6 436 800	0.015	0.329	−0.852	1.163	+
关税	$\ln(1+t_{ijt}^k)$	进口国关税水平	4 659 826	1.811	0.992	0.000	7.454	
经济发展	$\ln GDP_{it}$	进口国 GDP	6 436 800	24.813	2.149	19.048	30.693	+
	$\ln GDP_{jt}$	出口国 GDP	6 436 800	24.813	2.149	19.048	30.693	+
贸易便利化指标	TFI_t	贸易便利化水平	6 436 800	1.157	0.437	0.269	1.869	+
	A	信息可获得性	6 436 800	1.188	0.476	0.050	2.000	+
	B	贸易商的参与	6 436 800	1.277	0.460	0.000	2.000	+
	C	预裁定	6 436 800	1.141	0.670	0.000	2.000	+
	D	上诉程序	6 408 192	1.221	0.460	0.100	2.000	+
	E	费用	6 436 800	1.451	0.387	0.200	2.000	+
	F	单证类手续	6 436 800	1.187	0.500	0.130	2.000	+
	G	自动化手续	6 436 800	1.094	0.582	0.000	2.000	+
	H	程序性手续	6 436 800	1.208	0.392	0.310	1.940	+
	I	边境机构的内部合作	6 193 632	0.853	0.450	0.000	1.910	+
	J	边境机构的外部合作	6 093 504	0.886	0.523	0.000	2.000	+
	K	管理与公正性	6 193 632	1.277	0.617	0.000	2.000	+

注：数据来源于作者整理和计算。

4.2 实证估计及结果解释

4.2.1 基准回归结果

既有研究绝大多数使用的是实际发生贸易的数据，相当于是在探讨所有发生贸易的情况下各变量的影响因素，这种不平衡面板数据其实忽略了贸易产生的门槛效应，会导致模型估计结果有偏误。因此，本书通过补全贸易在进口国-出口国-行业维度存在零值的情况，构造平衡面板数据，并将两种模型估计结果进行对比。

在不平衡面板数据中，本文选择控制年份和产品固定效应的普通最小二乘法（OLS）模型进行回归；在平衡面板数据中，为优化估计结果，本文使用高维固定效应的泊松伪极大似然回归（PPML）模型进行估计，这种模型相较OLS回归更适用于估计非负值与零值在因变量中大量存在的情况。受限于双边 HS-2 分位产品关税数据存在部分缺失的情况，但又为避免大量舍弃观测值，后续研究的所有分析将分包含关税和不包含关税两种方式进行回归。此外，由于通常回归模型的标准误是假设误差项不存在相关性，但事实上，每个进口国-出口国国家组合上不可观测的误差项可能存在较强相关性，普通的标准误会存在低估问题，从而使得系数估计值在实际上不显著时出现"假显著"的情况。因此，为优化估计，本书使用聚类标准误的方式来估计标准误，结果见表 4 - 2。

表 4 - 2　贸易便利化整体指标回归估计结果（全行业）

变量	(4-1) OLS	(4-2) PPML	(4-3) OLS	(4-4) PPML
进口国贸易便利化水平	1.079***	1.476***	0.976***	1.341***
	(0.100)	(0.040)	(0.120)	(0.045)
出口国贸易便利化水平	3.222***	2.111***	3.493***	2.125***
	(0.105)	(0.039)	(0.114)	(0.040)
地理距离	−1.272***	−0.365***	−1.261***	−0.335***
	(0.021)	(0.010)	(0.023)	(0.011)
是否共同边界	0.368***	−0.151***	0.443***	−0.153***
	(0.086)	(0.041)	(0.095)	(0.042)
是否共同官方语言	0.453***	0.242***	0.453***	0.228***
	(0.043)	(0.019)	(0.048)	(0.020)
是否有殖民地历史	0.521***	0.176***	0.389***	0.138***
	(0.088)	(0.043)	(0.090)	(0.043)
是否曾为同一国家	0.443***	0.256***	0.475***	0.290***
	(0.122)	(0.066)	(0.131)	(0.067)
是否属于同一自贸协定	0.279***	0.019	0.293***	0.036**
	(0.037)	(0.016)	(0.040)	(0.016)

（续）

变量	(4-1) OLS	(4-2) PPML	(4-3) OLS	(4-4) PPML
进口国 GDP	0.769***	0.179***	0.788***	0.178***
	(0.009)	(0.004)	(0.010)	(0.004)
出口国 GDP	0.912***	0.280***	0.926***	0.270***
	(0.010)	(0.004)	(0.010)	(0.004)
进口国关税水平			−0.177***	−0.033***
			(0.013)	(0.005)
常数项	−36.679***	−13.579***	−37.454***	−13.112***
	(0.313)	(0.133)	(0.333)	(0.137)
观测值	1 696 041（不含零贸易值）	6 436 800（含零贸易值）	1 381 679（不含零贸易值）	4 659 826（含零贸易值）
R^2	0.417	0.448	0.428	0.447
年份固定效应	是	是	是	是
产品固定效应	是	是	是	是

注：括号内为进口国-出口国国家组合的聚类标准误，***、**、* 分别表示在1％、5％、10％水平上显著。

表4-2 中列（4-1）～列（4-4）回归结果所示，从传统贸易成本变量（地理距离、是否共同官方语言、是否有殖民地历史、是否曾为同一国家、是否属于同一自贸协定）来看，实证结果与现有研究结论方向一致且显著。

对比是否包含零贸易值的回归结论的差异主要有以下三点：其一，进口国贸易便利化水平的系数估计值明显提高，出口国贸易便利化水平的系数估计值明显下降。其二，在包含零贸易值的回归中，是否共同边界变量的符号变为负数，是否属于同一自贸协定变量由显著变为不显著。其三，正向效应变量的系数均明显下降。这说明，考虑到没有产生贸易的情况，共同边界并未发挥促进效果，以往不包含零贸易值的研究结论对各控制变量的促进作用存在一定的高估问题。因此在后文中各项实证分析均选取包含零贸易值的平衡面板数据和泊松伪极大似然回归展开。

由表4-2 列（4-4）可知，核心变量的基本回归结果为；从贸易便利化整体指标的系数估计值来看，在全行业中，进口国贸易便利化水平每提高1％，进口增长1.341％，出口国贸易便利化水平每提高1％，出口增长2.125％。

从表4-3 贸易便利化整体指标的系数估计值来看，在农产品领域，进口国贸易便利化水平每提高1％，出口增长1.483％，出口国贸易便利化水平每提高 1%，出口增长 1.805% [列（4-6）]；在非农产品领域，进口国贸易便利化水平每提高 1%，出口增长 1.314%，出口国贸易便利化水平每提高 1%，出口增长 2.228% [列（4-8）]。贸易双方便利化水平的提高均有利于贸易增长的结论在全行业和农产品领域内具有一致性。在不含关税的更大样本检验 [列（4-5）和列（4-7）)] 中，这一结论稳健。

表 4-3 贸易便利化整体指标 PPML 回归估计结果（行业对比）

变量	(4-5)	(4-6)	(4-7)	(4-8)
	农产品	农产品	非农产品	非农产品
进口国贸易便利化水平	1.634***	1.483***	1.427***	1.314***
	(0.048)	(0.055)	(0.039)	(0.045)
出口国贸易便利化水平	1.768***	1.805***	2.222***	2.228***
	(0.046)	(0.048)	(0.039)	(0.040)
地理距离	−0.407***	−0.374***	−0.351***	−0.322***
	(0.012)	(0.012)	(0.010)	(0.010)
是否共同边界	−0.137***	−0.138***	−0.157***	−0.161***
	(0.044)	(0.046)	(0.040)	(0.041)
是否共同官方语言	0.268***	0.252***	0.233***	0.219***
	(0.022)	(0.024)	(0.018)	(0.019)
是否有殖民地历史	0.185***	0.151***	0.173***	0.134***
	(0.047)	(0.047)	(0.042)	(0.042)
是否曾为同一国家	0.299***	0.337***	0.239***	0.273***
	(0.072)	(0.074)	(0.064)	(0.066)
是否属于同一自贸协定	0.072***	0.103***	0.002	0.016
	(0.019)	(0.019)	(0.015)	(0.015)
进口国 GDP	0.186***	0.186***	0.177***	0.175***
	(0.004)	(0.004)	(0.004)	(0.004)
出口国 GDP	0.300***	0.289***	0.274***	0.264***
	(0.004)	(0.004)	(0.004)	(0.004)
进口国关税水平		−0.071***		−0.016***
		(0.006)		(0.005)

（续）

变量	(4-5) 农产品	(4-6) 农产品	(4-7) 非农产品	(4-8) 非农产品
常数项	−14.295***	−13.778***	−13.350***	−12.904***
	(0.149)	(0.154)	(0.130)	(0.134)
观测值	1 810 350	1 314 031	4 626 450	3 345 795
R^2	0.407	0.407	0.462	0.461
年份固定效应	是	是	是	是
产品固定效应	是	是	是	是

注：括号内为进口国-出口国国家组合的聚类标准误，***、**、*分别表示在 1%、5%、10%水平上显著。

值得注意的是，农产品领域与非农产品领域的回归结果对比，进口国贸易便利化水平提高的促进作用提高，出口国贸易便利化水平提高的促进作用降低。这一实证结论说明，在农产品领域，阻碍贸易开展的困难更多集中在进口国贸易便利化的能力方面，未来在进口侧进行贸易便利化改进所释放的增长潜力也将更大。

为进一步识别不同贸易便利化措施带来的具体影响，下文继续将 11 个分项指标分别带入模型进行分析。

4.2.2　分指标回归结果

在回归前，本文首先对 11 个分项指标使用方差膨胀因子（VIF）方法进行了检验，检验结果见表 4-4，VIF 最大值为 7.58，最小值为 2.42，平均值为 4.33，全部结果不超过 10，可以证明贸易便利化各个分项指标之间不存在多重共线性问题，符合进行后续将各个贸易便利化分项指标代入回归分析的要求。

表 4-4　贸易便利化分项指标多重共线性检验

分项指标	VIF	1/VIF
A 信息可获得性	7.58	0.131 909
B 贸易商的参与	3.28	0.305 263
C 预裁定	2.42	0.413 117

（续）

分项指标	VIF	1/VIF
D 上诉程序	2.84	0.352 609
E 费用	2.93	0.340 728
F 单证类手续	3.30	0.302 595
G 自动化手续	6.90	0.144 867
H 程序性手续	5.90	0.169 578
I 边境机构的内部合作	4.97	0.201 092
J 边境机构的内部合作	3.51	0.284 784
K 管理与公正性	4.03	0.248 224
VIF 平均值	4.33	

随后分指标回归同样选择包含零贸易值的 PPML 回归模型，结果如表4-5所示，绝大部分贸易便利化分项指标对贸易量产生了统计学意义上的显著正向影响，但也可以看到不同贸易便利化指标的边际贸易效应存在差异，同一指标在进出口两侧发挥作用的程度也不同。

表4-5　贸易便利化分项指标回归结果

变量	(4-9) 农产品		(4-10) 非农产品	
	进口国	出口国	进口国	出口国
A 信息可获得性	0.325***	0.177**	0.420***	0.014
	(0.093)	(0.087)	(0.075)	(0.070)
B 贸易商的参与	−0.099	0.500***	−0.180***	0.409***
	(0.066)	(0.068)	(0.052)	(0.053)
C 预裁定	0.097***	0.180***	0.032	0.338***
	(0.035)	(0.031)	(0.027)	(0.028)
D 上诉程序	0.451***	0.190***	0.271***	0.218***
	(0.059)	(0.055)	(0.046)	(0.044)
E 费用	−0.249***	−0.308***	−0.357***	−0.124**
	(0.084)	(0.074)	(0.065)	(0.062)
F 单证类手续	0.475***	0.410***	0.071	0.872***
	(0.058)	(0.050)	(0.043)	(0.041)
G 自动化手续	−0.105*	0.115*	0.283***	−0.169***
	(0.061)	(0.059)	(0.048)	(0.047)

（续）

变量	(4-9)		(4-10)	
	农产品		非农产品	
	进口国	出口国	进口国	出口国
H 程序性手续	0.800***	0.382***	0.888***	0.019
	(0.103)	(0.102)	(0.083)	(0.083)
I 边境机构的内部合作	0.145**	−0.410***	0.090*	−0.157***
	(0.061)	(0.059)	(0.050)	(0.050)
J 边境机构的外部合作	0.042	−0.091**	−0.020	0.027
	(0.045)	(0.042)	(0.036)	(0.035)
K 管理与公正性	−0.197***	0.553***	−0.172***	0.631***
	(0.052)	(0.056)	(0.040)	(0.046)
观测值	1 206 497		3 071 701	
R^2	0.397		0.452	
年份固定效应	是		是	
产品固定效应	是		是	

注：括号内为进口国-出口国国家组合的聚类标准误，***、**、* 分别表示在 1%、5%、10% 水平上显著。

在农产品领域 ［列 (4-9)］，进口国各项贸易便利化措施中有 5 项措施在 1% 的统计水平上发挥了显著的促进作用，按照系数估计值的大小排序分别是 H 程序性手续、F 单证类手续、D 上诉程序、A 信息可获得性和 C 预裁定。平均而言，H 程序性手续指标每提高 1%，进口增长 0.800%；F 单证类手续指标每提高 1%，进口增长 0.475%；D 上诉程序指标每提高 1%，进口增长 0.451%；A 信息可获得性每提高 1%，进口增长 0.325%；C 预裁定每提高 1%，进口增长 0.097%。

在农产品领域，出口国各项贸易便利化措施中有 6 项措施在 1% 的统计水平上发挥了显著的促进作用，按照系数估计值的大小排序分别是 K 管理与公正性、B 贸易商的参与、F 单证类手续、H 程序性手续、D 上诉程序、C 预裁定。平均而言，K 管理与公正性指标每提高 1%，出口增长 0.553%；B 贸易商的参与指标每提高 1%，出口增长 0.500%；F 单证类手续指标每提高 1%，出口增长 0.410%；H 程序性手续每提高 1%，出口增长 0.382%；D 上诉程序每提高 1%，出口增长 0.190%；C 预裁定每提高 1%，出口增长 0.180%。

与非农产品领域的结果作对比 ［列 (4-10)］ 可以看出，同一措施在农产品和非农产品领域影响最为突出的差异性是：在进口侧，D 上诉程序和进口国

F 单证类手续在农产品领域发挥了更大的促进作用，系数估计值明显增大，分别约为非农产品领域系数估计值的 1.7 倍和 6.7 倍，J 边境机构的外部合作在农产品领域为正向作用而在非农产品领域是负向作用；在出口侧，A 信息可获得性的在农产品领域发挥了更大的促进作用，系数估计值明显增大，约为非农产品领域系数估计值的 12.6 倍，G 自动化手续在农产品领域为正向作用而在非农产品领域是负向作用，H 程序性手续的系数估计值在农产品领域显著而在非农产品领域不显著。以上指标共同说明了贸易便利化对于贸易流量的影响在农产品领域和非农产品领域的差异性，应该更有针对性地选择对农产品贸易改进效果最大的改进措施。

综合模型的回归结果以及与非农产品领域对比的结果，可以识别出更加针对促进农产品贸易量提升的贸易便利化分项措施，对于农产品领域贸易来说，进口国应注重加强 H 程序性手续、F 单证类手续、D 上诉程序和 A 信息可获得性等措施，出口国应注重提高 K 管理与公正性、B 贸易商的参与、F 单证类手续和 H 程序性手续等措施。

第一，与海关通关程序操作相关的主要业务能力的提升是农产品贸易需要改进的主要方向，如单一窗口建设、经认证的贸易商可以适度减少程序、针对农产品的快速放行程序等。第二，由于农产品贸易时间敏感性、易腐性、检验检疫要求繁多的多重问题，贸易文件的协调统一及单证数目、复杂度的降低是当前最有效的措施，如接收文件的副本或复印件，减少进出口所需材料的数量以及减少重复材料的提供，定期审阅公布进出口所需的材料要求是否可以减少以及最新的要求是否已经在公开渠道更新，这些改进都能够有效促进贸易的开展。第三，农产品贸易利润空间小、贸易主体的风险承载能力较低，能否有一个安全的贸易环境是另一个突出特点，对上诉程序规则及结果的透明、公平、时限性及有效性建立有约束力的规则十分必要，贸易商如果遇到了不公正的裁决，是否能够有一个公开合法且合理需求能够及时得到回应的机制是至关重要的。这几项贸易便利化措施对农产品贸易产生了至关重要的积极作用，在农产品领域的相关改革应走在前列。

4.2.3　异质性分析

为进一步拓展在农产品领域的讨论深度，本文以世界银行在各对应年份对世界各国划定的高收入、中高收入、中低收入和低收入国家的分类为依据，为避免分组过多后单个分组中样本数量不足无法满足回归分析的要求，也为使讨论更加清晰，本部分研究将其中中低收入和低收入组国家合并为"中低及低收入组国家"进行分组讨论。

第一类：当本国是高收入组国家，贸易伙伴分别为高收入组、中高收入组和中低及低收入组国家时，回归结果见表 4-6。

表 4-6　高收入组国家贸易便利化分项指标回归结果（农产品）

变量	(4-11) 高收入组		(4-12) 中高收入组		(4-13) 中低及低收入组	
	进口国	出口国	进口国	出口国	进口国	出口国
A 信息可获得性	−0.872***	−1.502***	−0.959***	−1.333***	−0.840**	−0.238
	(0.242)	(0.207)	(0.353)	(0.473)	(0.352)	(0.436)
B 贸易商的参与	−0.190	0.599***	−0.075	−0.116	−0.692***	−0.670**
	(0.164)	(0.148)	(0.247)	(0.280)	(0.237)	(0.305)
C 预裁定	0.126	0.583***	−0.333**	0.386**	−0.138	0.413**
	(0.112)	(0.094)	(0.162)	(0.182)	(0.159)	(0.166)
D 上诉程序	0.274*	0.069	0.387*	−0.062	0.266	−0.484**
	(0.141)	(0.113)	(0.216)	(0.246)	(0.187)	(0.238)
E 费用	−0.349	0.648***	0.776*	2.377***	0.056	2.048***
	(0.240)	(0.237)	(0.407)	(0.535)	(0.399)	(0.440)
F 单证类手续	−0.218	0.543***	0.458	1.519***	1.350***	2.518***
	(0.195)	(0.169)	(0.279)	(0.368)	(0.271)	(0.332)
G 自动化手续	0.112	0.705***	−0.126	0.697**	−0.192	1.555***
	(0.184)	(0.153)	(0.283)	(0.329)	(0.269)	(0.284)
H 程序性手续	1.023***	0.050	0.418	−0.465	0.788**	−0.209
	(0.256)	(0.211)	(0.399)	(0.462)	(0.388)	(0.443)
I 边境机构的内部合作	0.375***	−0.200*	0.274	−0.182	0.469**	−0.171
	(0.130)	(0.119)	(0.202)	(0.266)	(0.200)	(0.213)
J 边境机构的外部合作	0.160	0.407***	0.739***	0.930***	0.978***	1.032***
	(0.109)	(0.087)	(0.167)	(0.195)	(0.166)	(0.171)
K 管理与公正性	0.456**	1.354***	0.180	0.491	−0.318	−1.562***
	(0.221)	(0.202)	(0.329)	(0.373)	(0.325)	(0.321)
观测值	171 490	163 343	132 347	96 080	210 660	162 891

注：括号内为在进口国-出口国国家组合的聚类标准误，***、**、* 分别表示在 1%、5%、10% 水平上显著。

第二类：当本国是中高收入组国家，贸易伙伴分别为高收入组、中高收入组和中低及低收入国家组时，回归结果见表4-7。

表4-7 中高收入组国家贸易便利化分项指标回归结果（农产品）

变量	(4-14) 高收入组		(4-15) 中高收入组		(4-16) 中低及低收入组	
	进口国	出口国	进口国	出口国	进口国	出口国
A 信息可获得性	1.423***	0.112	1.609***	0.364	1.766***	−0.104
	(0.266)	(0.183)	(0.379)	(0.333)	(0.508)	(0.367)
B 贸易商的参与	−0.805***	0.024	−0.045	−0.360	0.457	0.282
	(0.268)	(0.164)	(0.315)	(0.295)	(0.401)	(0.343)
C 预裁定	0.568***	0.313***	0.349**	0.009	0.473***	−0.035
	(0.101)	(0.084)	(0.146)	(0.196)	(0.152)	(0.185)
D 上诉程序	0.245	0.041	0.025	−0.003	0.750***	0.869***
	(0.180)	(0.118)	(0.263)	(0.233)	(0.289)	(0.254)
E 费用	−0.458**	−0.582***	−0.157	−0.536**	0.202	−1.101***
	(0.222)	(0.116)	(0.341)	(0.260)	(0.326)	(0.274)
F 单证类手续	1.145***	0.593***	1.045***	0.218	1.264***	0.566***
	(0.166)	(0.106)	(0.212)	(0.186)	(0.237)	(0.189)
G 自动化手续	0.325*	0.134	0.002	0.164	−0.388	−0.020
	(0.186)	(0.120)	(0.254)	(0.213)	(0.270)	(0.249)
H 程序性手续	1.251***	1.830***	−0.034	2.677***	1.673***	2.482***
	(0.372)	(0.238)	(0.473)	(0.413)	(0.556)	(0.488)
I 边境机构的内部合作	−0.036	−0.247**	0.492**	−0.341	0.380	0.061
	(0.157)	(0.107)	(0.217)	(0.215)	(0.256)	(0.246)
J 边境机构的外部合作	−0.168	−0.191	−0.342	0.080	−0.904***	−0.243
	(0.169)	(0.117)	(0.214)	(0.190)	(0.286)	(0.225)
K 管理与公正性	−1.203***	0.279**	−1.294***	0.152	−1.441***	0.222
	(0.141)	(0.113)	(0.196)	(0.238)	(0.217)	(0.242)
观测值	96 711	123 094	71 449	69 200	116 430	120 069

注：括号内为进口国-出口国国家组合的聚类标准误，***、**、* 分别表示在1%、5%、10%水平上显著。

第三类：当本国是中低及低收入组国家，贸易伙伴分别为高收入组、中高收入组和中低及低收入组国家时，回归结果见表 4-8。

表 4-8　中低及低收入组国家贸易便利化分项指标回归结果（农产品）

变量	(4-17) 高收入组		(4-18) 中高收入组		(4-19) 中低及低收入组	
	进口国	出口国	进口国	出口国	进口国	出口国
A 信息可获得性	0.441	0.554***	1.065***	0.124	1.007**	0.936***
	(0.285)	(0.167)	(0.411)	(0.404)	(0.393)	(0.359)
B 贸易商的参与	−0.112	0.303***	0.142	1.130***	−0.320	0.978***
	(0.138)	(0.105)	(0.196)	(0.230)	(0.203)	(0.217)
C 预裁定	−0.043	0.104**	−0.101	0.198*	0.052	0.291***
	(0.072)	(0.048)	(0.113)	(0.112)	(0.112)	(0.097)
D 上诉程序	0.639***	0.688***	0.708***	0.399*	−0.227	−0.225
	(0.150)	(0.105)	(0.229)	(0.220)	(0.192)	(0.213)
E 费用	−0.143	−0.473***	−0.334	−0.394	0.040	0.140
	(0.226)	(0.138)	(0.279)	(0.302)	(0.331)	(0.299)
F 单证类手续	0.563***	0.885***	0.538***	0.684***	0.809***	1.504***
	(0.123)	(0.083)	(0.168)	(0.178)	(0.180)	(0.160)
G 自动化手续	−0.125	0.322***	−0.123	0.332	−0.297	−0.238
	(0.138)	(0.094)	(0.195)	(0.210)	(0.181)	(0.184)
H 程序性手续	0.941***	−0.353**	0.671**	−0.766**	1.376***	−1.025***
	(0.208)	(0.151)	(0.273)	(0.333)	(0.295)	(0.274)
I 边境机构的内部合作	0.404**	−0.236*	0.158	−0.152	−0.276	−0.416*
	(0.183)	(0.126)	(0.263)	(0.243)	(0.260)	(0.249)
J 边境机构的外部合作	−0.252	0.097	−0.565**	−0.082	−0.118	0.736***
	(0.169)	(0.102)	(0.230)	(0.215)	(0.259)	(0.200)
K 管理与公正性	0.071	0.224**	0.223	0.437**	0.234	0.161
	(0.112)	(0.092)	(0.163)	(0.181)	(0.154)	(0.185)
观测值	164 187	197 954	124 011	114 026	194 562	190 296

注：括号内为进口国-出口国国家组合的聚类标准误，***、**、* 分别表示在1%、5%、10%水平上显著。

将各种组合下最有效的 3 项措施绘图如下（图 4-1）。

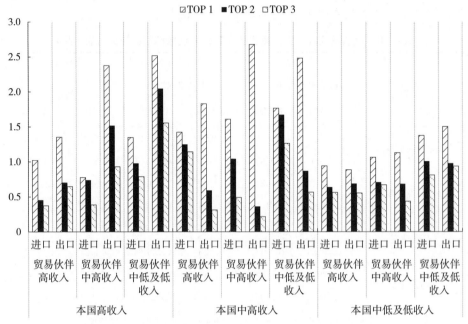

图 4-1　各贸易组合促进作用最高的 3 项措施系数值

本文将所有发挥了显著性正向作用的分项指标按照系数估计值大小排序列表如下。第一类，本国为高收入组国家时，详见表 4-9。

表 4-9　高收入组国家贸易便利化最有效的前 3 项措施

贸易伙伴	贸易方向	系数值排序	措施名称
高收入组	进口	1	H 程序性手续
		2	K 管理与公正性
		3	I 边境机构的内部合作
	出口	1	K 管理与公正性
		2	G 自动化手续
		3	E 费用
中高收入组	进口	1	E 费用
		2	J 边境机构的外部合作
		3	D 上诉程序
	出口	1	E 费用
		2	F 单证类手续
		3	J 边境机构的外部合作

（续）

贸易伙伴	贸易方向	系数值排序	措施名称
中低及低收入组	进口	1	F 单证类手续
		2	J 边境机构的外部合作
		3	H 程序性手续
	出口	1	F 单证类手续
		2	E 费用
		3	G 自动化手续

第二类，本国为中高收入组国家时，详见表 4 - 10。

表 4 - 10　中高收入组国家贸易便利化最有效的前 3 项措施

贸易伙伴	贸易方向	系数值排序	措施名称
高收入组	进口	1	A 信息可获得性
		2	H 程序性手续
		3	F 单证类手续
	出口	1	H 程序性手续
		2	F 单证类手续
		3	C 预裁定
中高收入组	进口	1	A 信息可获得性
		2	F 单证类手续
		3	I 边境机构的内部合作
	出口	1	H 程序性手续
中低及低收入组	进口	1	A 信息可获得性
		2	H 程序性手续
		3	F 单证类手续
	出口	1	H 程序性手续
		2	D 上诉程序
		3	F 单证类手续

注：当显著项不足 3 项时，仅汇报显著的措施个数。

第三类，本国为中低和低收入组国家时，详见表 4 - 11。

表4-11　中低和低收入组国家贸易便利化最有效的前3项措施

贸易伙伴	贸易方向	系数值排序	措施名称
高收入组	进口	1	H 程序性手续
		2	D 上诉程序
		3	F 单证类手续
	出口	1	F 单证类手续
		2	D 上诉程序
		3	A 信息可获得性
中高收入组	进口	1	A 信息可获得性
		2	D 上诉程序
		3	H 程序性手续
	出口	1	B 贸易商的参与
		2	F 单证类手续
		3	K 管理与公正性
中低及低收入组	进口	1	H 程序性手续
		2	A 信息可获得性
		3	F 单证类手续
	出口	1	F 单证类手续
		2	B 贸易商的参与
		3	A 信息可获得性

由上述结论可知，不同贸易便利化指标对贸易量的影响存在差异（表4-6~表4-8），按收入组分类的讨论揭示出同一指标在不同的贸易组合间发挥的效果也并不一致（表4-9~表4-11），这也正说明了由于贸易主体双方的差异性存在，各国应根据自身和贸易伙伴所处的经济发展阶段选择最为适合的贸易便利化具体措施。综上，主要结论如下。

从回归的系数估计值可以看到，中低及低收入组国家较高收入组国家贸易便利化改进促进贸易量增长的收益更大。高收入组国家相对而言贸易便利化水平已经较高，改进的空间有限，而中高收入组和中低及低收入组国家仍有较大提高空间，贸易便利化水平提高对贸易量增长的潜力较大。

从国家经济发展水平的异质性分析可以看到，F 单证类手续和 H 程序性手续的优化提高是所有经济发展水平组合提高贸易便利化水平都应当最优先发展的两项措施。当高收入组国家与不同经济发展水平国家展开贸易时，综合进出口两侧，应额外注重 E 费用的降低和 I、J 边境机构的内外部合作。当中高收入组国家与不同经济发展水平国家展开贸易时，综合进出口两侧，应额外注重发展 A 信息可获得性水平。当中低及低收入组国家与不同经济发展水平国家展开贸易时，综合进出口两侧，应额外注重提高 A 信息可获得性和 D 上诉程序的水平。

4.2.4 贸易提升潜力预测

以 2019 年全球农产品贸易量（约 17 836 亿美元）为基础，根据现有模型进行估计，如果所有低于全球平均水平的国家提高到 2019 年平均水平将会释放的全球农产品贸易增长潜力，详见表 4－12。

表 4－12 假设所有国家达到全球平均贸易便利化水平情形下农产品贸易潜力预测

预测内容	预测贸易变动分解		预测贸易变动总量	
假设情形： 全部国家达到世界平均水平	进口侧	出口侧	绝对值增长/ 亿美元	增长率/ %
全球	278.98	338.98	617.96	3.5
亚洲和太平洋地区	14.68	17.83	32.51	0.7
中亚	29.76	36.16	65.93	98.4
欧洲	53.09	64.51	117.60	1.8
拉丁美洲和加勒比地区	36.14	43.91	80.05	9.9
中东和北非	34.62	42.07	76.69	9.3
撒哈拉以南非洲	14.68	17.83	32.51	85.4

注：本研究中北美洲仅包括美国和加拿大两个国家，均在全球平均水平以上，不在表格内列出。

根据表 4－12 测算结果可知，如果世界上所有贸易便利化低于世界平均水平的国家提高到平均水平，全球农产品贸易总额将会增加 617.96 亿美元，其中进口侧 278.98 亿美元，出口侧 338.98 亿美元，约为 2019 年农产品贸易总额的 3.5%。一国贸易便利化水平的提高将对全部贸易伙伴的贸易组合均产生促进作用，通过这一假设情形可以看到相对落后的国家便利化水平改善对于全球农产品贸易的贡献潜力巨大。

分地区来看，亚洲和太平洋地区预计农产品贸易额增加 32.51 亿美元，增幅约为 0.7%；中亚地区预计农产品贸易额增加 65.93 亿美元，增幅约为 98.4%；欧洲预计农产品贸易额增加 117.60 亿美元，增幅约为 1.8%；拉丁美洲和加勒比地区预计农产品贸易额增长 80.05 亿美元，增幅约为 9.9%；中东和北非预计农产品贸易额增加 76.69 亿美元，增幅约为 9.3%；撒哈拉以南非洲预计农产品贸易额增长 32.51 亿美元，增幅约为 85.4%。

在各区域中，贸易绝对额增长潜力最大的是欧洲地区（117.60 亿美元），欧洲整体贸易体量大主要是由于东欧地区贸易便利化水平仍有提高空间；此外，贸易增长比率最大的地区还有中亚地区（98.4%）和撒哈拉以南非洲（85.4%），这些经济体贸易便利化水平提高将是未来促进贸易增长态势最强的地区。

4.3 基本结论和本章小结

4.3.1 基本结论

本章得出的主要结论如下：

第一，不包含零贸易值的数据通过 OLS 模型回归的研究结论对各控制变量的促进作用存在一定的高估问题，本书采用完全平衡面板数据和泊松伪极大似然回归展开得出，在全行业中，进口国贸易便利化水平每提高 1%，出口增长 1.341%，出口国贸易便利化水平每提高 1%，出口增长 2.125%。

第二，贸易双方便利化水平的提高均有利于贸易增长的结论在全行业和农产品领域内具有一致性。在农产品领域，进口国贸易便利化水平每提高 1%，进口增长 1.483%，出口国贸易便利化水平每提高 1%，出口增长 1.805%；在非农产品领域，进口国贸易便利化水平每提高 1%，出口增长 1.314%，出口国贸易便利化水平每提高 1%，出口增长 2.228%。农产品领域与非农产品领域对比，进口国贸易便利化水平提高的促进作用提高，出口国贸易便利化水平提高的促进作用降低。这一实证结论说明，在农产品领域，开展贸易的困难更多是集中体现在进口国贸易便利化的能力方面。

第三，不同贸易便利化指标对贸易量的影响存在差异。对于农产品领域贸易来说，进口国应注重加强 H 程序性手续、F 单证类手续、D 上诉程序和 A 信息可获得性等措施，出口国应注重提高 K 管理与公正性、B 贸易商的参与、F 单证类手续和 H 程序性手续等措施。

第四，贸易便利化改进对不同经济发展水平的国家影响存在差异，贸易便利化对农产品贸易量的影响趋势是包容性的，中低及低收入组国家较高收入组国家贸易便利化水平提高对贸易量增长的促进作用更大。

第五，不同经济发展水平的国家组合中贸易便利化改进应各有侧重点，除 F 单证类手续和 H 程序性手续的优化提高是所有经济发展水平组合提高贸易便利化水平都应当最优先发展的两项措施外，高收入组国家应额外注重 E 费用的降低和 I、J 边境机构的内外部合作，中高收入组国家应额外注重发展 A 信息可获得性水平，中低及低收入组国家应额外注重提高 A 信息可获得性和 D 上诉程序的水平。

第六，根据现有模型进行预测，如果世界上所有贸易便利化低于世界平均水平的国家提高到平均水平，全球农产品贸易总额将会增长 617.96 亿美元，约为 2019 年农产品贸易总额的 3.5%。分地区来看，贸易绝对额增长潜力最大的是欧洲地区，贸易增长比率最大的地区还有中亚地区（98.4%）和撒哈拉以南非洲（85.4%）。

4.3.2　本章小结

综上，本章基于 2017—2019 年全球双边农产品贸易 HS-2 分位级数据和 OECD 构建的贸易便利化指标，构建完全平衡面板数据，利用带有多边阻力的拓展引力模型使用高维固定效应泊松伪极大似然回归对贸易便利化措施对全球贸易量的影响及其行业、国家经济发展水平异质性展开了讨论。研究主要结论定性定量明确了贸易便利化的促进作用，并分析了贸易便利化在农产品和非农产品领域的一致性和差异性所在。此后进一步细致分析了在农产品领域的关键措施，以及通过将贸易双方按照经济发展水平分组讨论，进一步指出了不同经济发展程度国家应优先发展的贸易便利化措施选择。最后，根据模型的模拟估计结果，分区域对假设情形下如果世界上所有贸易便利化水平低于当前世界平均水平的国家都提升至 2019 年世界平均水平，将会产生的农产品贸易产生何种提升潜力进行了预测。

5 | 贸易便利化对全球农产品贸易成本的影响分析

　　在本书第 4 章中已经分析了贸易便利化对全球农产品贸易量的影响，使用贸易额来表征，通过该研究能够直接看到贸易便利化措施导致的最终农产品贸易结果的变化，但事实上，贸易额和贸易成本具有不同的内涵，贸易额包括商品的生产价值和贸易成本两部分，据 WTO（2015）测算，各类贸易成本已经达到了货物生产价值的 219%，贸易成本远超生产价值本身，不容忽视。贸易便利化对贸易额发挥作用的理论机制是通过降低贸易成本进而促进贸易额的提升，仅对贸易额的分析无法剥离产品自身供求关系改变导致产品价格变化的部分。但由于贸易成本的难以测度在既有研究中往往使用贸易额来替代，因此有必要对贸易便利化如何通过影响贸易成本进而影响贸易额的逻辑链条进行检验。

　　贸易成本可以分为三类：第一类是客观因素，如国家间的地理距离、历史联系等，属于先天和历史条件，无法改变；第二类是政策因素，如关税等各国执行的贸易促进或限制政策，代表了目前与国际环境的包容性平衡结果和一国政府的政策取向，在短期内也难以改变；第三类是贸易成本剔除第一、第二类的影响之后剩余的部分，也就是理论假设中的"贸易开展过程中的摩擦"，象征着一国在基于"长期、短期不可改变"的各项条件下所能够聚焦的、具有改进潜力的贸易增长点所在。基于贸易成本的这一内涵，本章对贸易便利化对全球农产品贸易成本的影响及贸易成本作为贸易便利化影响农产品贸易量的中介效应进行分析和检验。

5.1　农产品贸易成本现状及趋势

5.1.1　总体情况

　　根据第 2 章理论基础中 2.2.2 节对贸易成本计算方法的演进脉络梳理可知，目前最为前沿和成熟的方法是来自联合国亚洲及太平洋经济社会委员会（ESCAP）于 2010 年启动的双边贸易成本数据库。该数据库基于 Novy（2012）的贸易成本测量模型，是一个基于微观理论并使用宏观经济数据计算的综合全面的方法，提供了仅用贸易额的改变来衡量贸易便利化绩效的替代方法。在此基础上，联合国亚洲及太平洋经济社会委员会和世界银行联合建立了一个计算综合国际贸易成本的标准方法，并为相关研究和政策制定提供了一个全球参考，该数据当前版本包括了 180 多个国家从 1995—2019 年的数据，在构成上能够区分关税贸易成本和非关税贸易成本，在部门上能够区分农产品和非农产品。在此计算方法中，贸易成本以从价等值形式呈现，贸易成本是指两国之间贸易的额外成本占境内贸易成本的百分比。本书所述贸易成本是指剔除关税后的贸易成本，因此选取该数据库贸易成本中非关税部分的贸易成本进行分析，后文一致，不再赘述。

　　本章首先对 1995 年以来全球双边农产品贸易成本的演变情况和现状进行说明，并将其与非农产品领域和全行业整体情况进行对比。

　　从历史趋势上看，全球平均贸易成本在 1995 年起初较低，随着贸易量的上升，贸易成本经历了一个不断上升的时期，一直到 2015 年前后达到了一个高点水平，自 2016 年后开始出现明显下降（图 5 - 1），由于该贸易成本数据已经剔除了关税的影响，因此这一贸易成本的下降应与全球贸易便利化改进的努力密不可分，但是仍旧可以看到，分部门来看，农产品领域的贸易成本高企，下降的空间仍然很大。

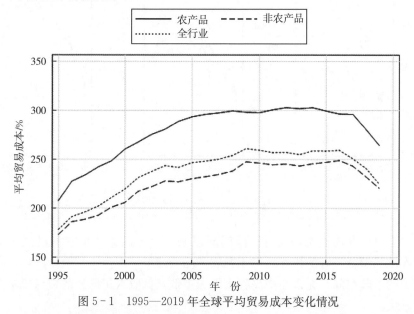

图 5 - 1　1995—2019 年全球平均贸易成本变化情况

5.1.2　按经济发展水平分组情况

　　如图 5 - 2 和图 5 - 3 所示，按照部门和进口国的经济发展水平分组来看（与前文第 4 章的分类方式一致，采用将中低收入和低收入国家合为一组的方式处理）。可以看到，无论是在农产品领域还是非农产品领域中，双边贸易成本均与一国经济发展水平有显著相关关系。总体来看，进口国为高收入组国家时，贸易成本主要由出口国的经济发展水平决定，出口国经济发展水平越高，双边贸易成本越低，这一结论在农产品领域和非农产品领域一致。进口国为中高收入组国家时，这一规律一致但不同经济发展水平的出口国之间的差距缩小，尤其体现在农产品领域，出口国是高收入组国家的双边贸易成本甚至高于出口国是中高收入组国家的情况。出口国无论是何种经济发展水平，双边的贸易成本差异均较小。进口国为中低及低收入国家时，在农产品领域，无论出口国是何种经济发展水平，其贸易成本大致相等。

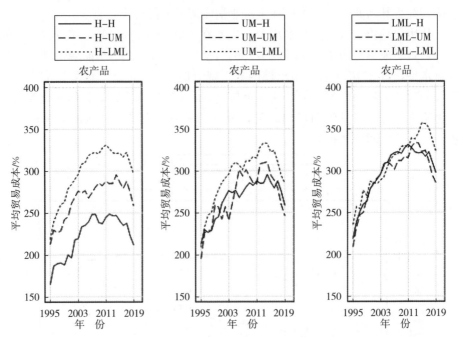

图 5 - 2　1995—2019 年按收入水平分组平均贸易成本变化情况（农产品）
注：H 代表高收入组国家、UM 代表中高收入组国家、LML 代表中低及低收入组国家。

以上分析共同说明，在近一段时间以来，全球双边贸易成本已经明显下降，农产品领域下降的幅度并不比非农产品领域低，但由于基数较高，未来仍有较大的下降空间，尤以与中高收入组、中低及低收入组国家的贸易成本下降空间最大。

与非农产品领域对比来看，最大的差异集中在进口国为中高收入组国家，出口国为不同经济发展水平国家时，非农产品领域形成了明显的依照出口国经济发展水平自高向低双边贸易成本依次下降的明显差异格局，农产品领域的差距则相对较小，规律不明显。

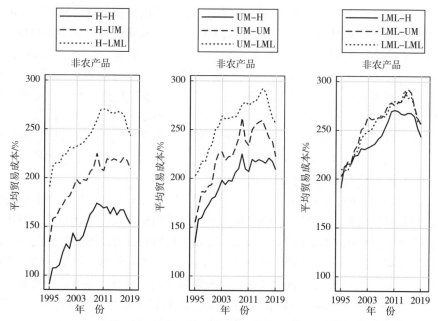

图 5-3　1995—2019 年按收入水平分组平均贸易成本变化情况（非农产品）
注：H 代表高收入组国家、UM 代表中高收入组国家、LML 代表中低及低收入组国家。

以上是对全球双边贸易成本的简要描述性分析，将在后文中通过计量模型进一步展开细致讨论。

5.2　模型设定和描述性统计

5.2.1　模型设定

为识别贸易便利化对全球农产品贸易成本的影响，以及对贸易成本作为贸易便利化影响贸易额中介变量的机制进行检验，本文在传统贸易引力模型的基础上，构建了包含多边阻力项的扩展贸易引力模型，模型设置如下：

$$\ln TC^k_{ijt} = \beta^k_0 + \beta^k_1 \ln TFI_{it} + \beta^k_2 \ln TFI_{jt} + \beta^k_3 \ln distance_{ij_{MR}} +$$
$$\beta^k_4\, contiguity_{ij_{MR}} + \beta^k_5\, language_{ij_{MR}} + \beta^k_6\, colony_{ij_{MR}} +$$
$$\beta^k_7\, smctry_{ij_{MR}} + \beta^k_8\, rta_{ij_{MR}} + \beta^k_9 \ln GDP_{it} +$$
$$\beta^k_{10}\ln GDP_{jt} + D_t + D_k + \varepsilon^k_{ijt} \tag{5-1}$$

参考温忠麟等（2004）的做法，本文将中介变量机制检验模型设定如下：

$$\ln x^k_{ijt} = \beta^k_0 + \beta^k_1 \ln TFI_{it} + \beta^k_2 \ln TFI_{it} + \beta^k_3 \ln TC^k_{ijt} + \beta^k_4 \ln distance_{ij_{MR}} +$$
$$\beta^k_5\, contiguity_{ij_{MR}} + \beta^k_6\, language_{ij_{MR}} + \beta^k_7\, colony_{ij_{MR}} +$$
$$\beta^k_8\, smctry_{ij_{MR}} + \beta^k_9\, rta_{ij_{MR}} + \beta^k_{10}\ln GDP_{it} + \beta^k_{11}\ln GDP_{jt} +$$
$$D_t + D_k + \varepsilon^k_{ijt} \tag{5-2}$$

式（5-1）中，$\ln TC_{ijt}^k$ 表示 t 时期进口国 i 从出口国 j 进口的 k 产品的贸易成本，并取自然对数；$\ln TFI_{it}$ 和 $\ln TFI_{jt}$ 表示 t 时期贸易双方中进口国 i 和出口国 j 的贸易便利化指标；$\ln distance_{ijMR}$、$contiguity_{ijMR}$、$language_{ijMR}$、$colony_{ijMR}$、$smctry_{ijMR}$、rta_{ijMR} 表示一系列控制变量，分别表示 i 国、j 国地理距离、是否共同边界、是否共同官方语言、是否有殖民地历史、是否曾为同一国家和是否处于同一自贸协定；$\ln GDP_{it}$、$\ln GDP_{jt}$ 代表 t 时期 i 国、j 国的 GDP；D_t、D_k 分别表示年份固定效应和产品固定效应，ε_{ijt}^k 为随机误差项，β_0^k 为常数项，$\beta_1^k \sim \beta_{10}^k$ 为待估计参数。式（5-1）控制了双向固定效应，β_1^k、β_2^k 即为贸易便利化对贸易成本的净效应。

式（5-2）中，$\ln x_{ijt}^k$ 表示 t 时期进口国 i 从出口国 j 进口的 k 产品的进口额，并取自然对数；$\ln TFI_{it}$ 和 $\ln TFI_{jt}$ 表示 t 时期贸易双方中进口国 i 和出口国 j 的贸易便利化指标；$\ln TC_{ijt}^k$ 表示 t 时期进口国 i 从出口国 j 进口的 k 产品的贸易成本，并取自然对数，控制变量同上；D_t、D_k 分别表示年份固定效应和产品固定效应，ε_{ijt}^k 为随机误差项，β_0^k 为常数项，$\beta_1^k \sim \beta_{11}^k$ 为待估计参数。式（5-2）控制了双向固定效应，β_3^k 表示贸易成本对贸易额的净效应，β_1^k、β_2^k 表示贸易便利化未通过作用于贸易成本而影响了贸易额的其他效应。

5.2.2 变量定义及数据来源

受限于贸易成本数据的可得性，在本章研究中的可用数据缩减为 2017—2019 年 3 个年份的不完全平衡面板数据（需要特殊进行说明的是，在贸易成本研究中，零贸易情况相当于双边贸易成本无限大，并不适宜参照贸易量章节通过补充零值的方式构建完全平衡面板数据，也不适宜任意取值而影响估计结果，因此本研究遵循原数据结构），涵盖了 136 个国家，共计 2 161 230 个观测值。

5.2.2.1 被解释变量

被解释变量（TC_{ijt}^k），为双边非关税贸易成本。其中，分为农产品领域和非农产品领域，数据来自联合国亚洲及太平洋经济社会委员会和世界银行联合开发的贸易成本数据库。

5.2.2.2 核心解释变量

贸易便利化指标（TFI_{it}、TFI_{jt}），分为总体指标和分项指标，取值均为 0~2，贸易便利化数据来自 OECD，但仅有 2017 年和 2019 年两个年份发布，通过移动平均方式对 2018 年进行赋值，得到 2017—2019 年 3 个年份的数据。

5.2.2.3 控制变量

（1）多边阻力项目下的贸易成本变量

是否处于同一自贸协定数据来自 WTO 网站，其中 $\ln distance_{ijMR}$、$contiguity_{ijMR}$、$language_{ijMR}$、$colony_{ijMR}$、$smctry_{ijMR}$、rta_{ijMR} 代表 i 国、j 国

地理距离、是否共同边界、是否共同官方语言、是否有殖民地历史、是否曾为同一国家和是否处于同一自贸协定，以上数据来自法国智库国际研究中心（CEPII）数据库；多边阻力下的贸易成本变量由本研究计算得出，计算方法见本书第2章理论基础2.2.3章节。

（2）经济发展水平变量

$\ln GDP_{it}$、$\ln GDP_{jt}$ 代表 t 时期双边 GDP 规模，衡量经济规模和需求强度，数据来自世界银行世界发展指标（WDI）数据库。

5.2.3 描述性统计

变量含义和描述性统计详见表 5-1。

表 5-1　变量含义和描述性统计

变量分类	变量代码	含义	描述性统计					预期
			样本数	均值	标准误	最小值	最大值	
贸易成本	$\ln TC_{ijt}^{k}$	i 国 j 国 t 年双边非关税贸易成本	2 161 230	5.313	0.614	0.357	7.378	/
多边阻力下的贸易成本变量	$\ln distance_{ij\,MR}$	地理距离	2 161 230	−0.220	0.788	−4.508	1.045	+
	$contiguity_{ij\,MR}$	是否共同边界	2 161 230	0.027	0.197	−0.401	1.062	−
	$language_{ij\,MR}$	是否共同官方语言	2 161 230	0.027	0.348	−0.594	1.122	−
	$colony_{ij\,MR}$	是否有殖民地历史	2 161 230	0.015	0.161	−0.639	1.066	−
	$smctry_{ij\,MR}$	是否曾为同一国家	2 161 230	0.013	0.119	−0.205	1.006	−
	$rta_{ij\,MR}$	是否同一自贸协定	2 161 230	0.032	0.373	−0.852	1.158	−
经济发展	$\ln GDP_{it}$	进口国 GDP	2 161 230	25.817	1.941	20.525	30.653	−
	$\ln GDP_{jt}$	出口国 GDP	2 161 230	25.817	1.941	20.525	30.653	−
贸易便利化指标	TFI_{t}	贸易便利化水平	2 161 230	1.316	0.391	0.269	1.863	−
	A	信息可获得性	2 161 230	1.356	0.406	0.050	2.000	−
	B	贸易商的参与	2 161 230	1.422	0.403	0.000	2.000	−
	C	预裁定	2 161 230	1.332	0.588	0.000	2.000	−
	D	上诉程序	2 149 158	1.365	0.389	0.100	2.000	−
	E	费用	2 161 230	1.554	0.352	0.200	2.000	−
	F	单证类手续	2 161 230	1.333	0.491	0.130	2.000	−
	G	自动化手续	2 161 230	1.299	0.525	0.000	2.000	−
	H	程序性手续	2 161 230	1.335	0.345	0.310	1.850	−
	I	边境机构的内部合作	2 148 021	0.998	0.428	0.180	1.910	−
	J	边境机构的外部合作	2 141 616	1.030	0.502	0.000	2.000	−
	K	管理与公正性	2 150 160	1.470	0.547	0.000	2.000	−

注：数据来源于作者整理和计算。

5.3　实证估计及结果解释

5.3.1　基准回归结果

如上所述，贸易成本与贸易额的数据不同，由于两国之间不产生贸易的情况相当于是双边之间的贸易成本无限大，无法用零值补足，因此不适用于PPML回归方法，而是采用传统的 OLS 模型进行回归。由于贸易成本是双边之间的，具有对称性，不具有方向性，即 A 国与 B 国的贸易成本和 B 国与 A 国的贸易成本相同，在后文的回归结果中，仅选择进口一侧进行说明。

根据表 5-2 基准回归结果，可以看到，在整体上，贸易便利化水平的提高的确降低了双边贸易成本。在农产品领域，其他条件不变，一国贸易便利化水平每提高 1%，该国与其所有贸易国的平均贸易成本会降低 0.492%；在非农产品领域，其他条件不变，一国贸易便利化水平每提高 1%，该国与其所有贸易国的平均贸易成本会降低 0.594%。贸易便利化水平的提高有利于降低贸易成本的结论在全行业和农产品领域内具有一致性，但贸易便利化在农产品领域降低贸易成本的作用低于非农产品领域。

表 5-2　OLS 基准回归结果

变量	(5-1) 农产品	(5-2) 非农产品	(5-3) 全行业
进口国贸易便利化水平	−0.492*** (0.039)	−0.594*** (0.032)	−0.569*** (0.029)
出口国贸易便利化水平	−0.488*** (0.039)	−0.592*** (0.032)	−0.566*** (0.029)
地理距离	0.269*** (0.009)	0.327*** (0.008)	0.314*** (0.007)
是否共同边界	−0.221*** (0.028)	−0.198*** (0.034)	−0.202*** (0.029)
是否共同官方语言	−0.124*** (0.016)	−0.216*** (0.015)	−0.197*** (0.013)
是否殖民地历史	−0.246*** (0.025)	−0.127*** (0.031)	−0.162*** (0.026)
是否曾为同一国家	−0.062 (0.040)	−0.186*** (0.066)	−0.142*** (0.053)
是否属于同一自贸协定	−0.126*** (0.014)	−0.089*** (0.013)	−0.099*** (0.011)

（续）

变量	(5-1) 农产品	(5-2) 非农产品	(5-3) 全行业
进口国 GDP	-0.097***	-0.122***	-0.117***
	(0.003)	(0.003)	(0.003)
出口国 GDP	-0.097***	-0.122***	-0.118***
	(0.003)	(0.003)	(0.003)
常数项	11.485***	12.596***	12.409***
	(0.120)	(0.095)	(0.087)
观测值	486 324	1 674 906	2 161 230
R^2	0.395	0.511	0.498
年份固定效应	是	是	是
产品固定效应	是	是	是

注：括号内为进口国-出口国国家组合的聚类标准误，***、**、* 分别表示在 1%、5%、10% 水平上显著。

为进一步识别不同贸易便利化措施带来的具体影响，下文继续将 11 个分项指标分别带入模型进行分析，前文已经做过分项指标的多重共线性检验，在此不再重复展示。

5.3.2 分指标回归结果

分指标回归同样选择 OLS 回归模型，结果如表 5-3 中所示，绝大部分贸易便利化分项指标都对贸易成本产生了统计学意义上的显著正向影响，但也可以看到不同贸易便利化指标的边际效应存在差异。

表 5-3 分项指标回归结果

变量	(5-4) 农产品		(5-5) 非农产品		(5-6) 全行业	
	进口国	出口国	进口国	出口国	进口国	出口国
A 信息可获得性	0.166**	0.164**	-0.110*	-0.111*	-0.061	-0.063
	(0.076)	(0.076)	(0.058)	(0.058)	(0.053)	(0.053)
B 贸易商的参与	-0.079	-0.082	-0.129***	-0.132***	-0.124***	-0.127***
	(0.053)	(0.053)	(0.039)	(0.039)	(0.036)	(0.036)
C 预裁定	-0.132***	-0.132***	-0.163***	-0.163***	-0.157***	-0.157***
	(0.026)	(0.026)	(0.020)	(0.020)	(0.018)	(0.018)
D 上诉程序	-0.243***	-0.238***	0.070**	0.074**	0.012	0.016
	(0.045)	(0.045)	(0.034)	(0.034)	(0.031)	(0.031)

（续）

变量	(5-4) 农产品		(5-5) 非农产品		(5-6) 全行业	
	进口国	出口国	进口国	出口国	进口国	出口国
E 费用	0.021	0.024	0.102**	0.106**	0.082*	0.086*
	(0.061)	(0.061)	(0.049)	(0.049)	(0.045)	(0.045)
F 单证类手续	−0.342***	−0.340***	−0.481***	−0.481***	−0.451***	−0.451***
	(0.041)	(0.041)	(0.032)	(0.032)	(0.029)	(0.029)
G 自动化手续	0.072	0.072	0.290***	0.288***	0.248***	0.247***
	(0.044)	(0.045)	(0.037)	(0.037)	(0.033)	(0.033)
H 程序性手续	0.310***	0.310***	0.086	0.089	0.132**	0.135***
	(0.073)	(0.073)	(0.056)	(0.056)	(0.052)	(0.052)
I 边境机构的内部合作	−0.093**	−0.094**	0.139***	0.134***	0.091***	0.087**
	(0.047)	(0.047)	(0.038)	(0.038)	(0.034)	(0.034)
J 边境机构的外部合作	−0.043	−0.040	−0.194***	−0.193***	−0.155***	−0.153***
	(0.033)	(0.033)	(0.028)	(0.028)	(0.025)	(0.025)
K 管理与公正性	−0.050	−0.050	−0.127***	−0.127***	−0.107***	−0.107***
	(0.039)	(0.039)	(0.030)	(0.030)	(0.028)	(0.028)
观测值	476 496		1 621 362		2 097 858	
R^2	0.410		0.545		0.524	

注：括号内为进口国-出口国国家组合的聚类标准误，***、**、* 分别表示在1%、5%、10%水平上显著。

在各项贸易便利化措施中，最能降低农产品领域双边贸易成本的是 F 单证类手续，其他条件不变，F 单证类手续水平每提高 1%，该国与其所有贸易国的平均贸易成本降低 0.342%；第二是 D 上诉程序，其他条件不变，D 上诉程序水平每提高 1%，该国与其所有贸易国的平均贸易成本降低 0.243%；第三是 C 预裁定，其他条件不变，C 预裁定水平每提高 1%，该国与其所有贸易国的平均贸易成本降低 0.132%。

与非农产品领域的结果作对比可以看出，同一措施在农产品和非农产品领域影响存在差异性，最为突出的是 D 上诉程序在非农产品领域中，该措施并没有发挥出降低贸易成本的作用，在农产品贸易领域降低贸易成本具有极高的重要性。由于农产品的特殊性，上诉程序规则的存在及上诉结果的透明度、公平性、时限性相当于给农产品贸易上了一把安全锁，倒逼整个贸易过程中各类程序的合理性和裁决速度得到有效监督，也使贸易主体的风险有效降低进而降低了农产品领域的贸易成本。

5.3.3 异质性分析

为进一步拓展在农产品领域的讨论深度，本文以世界银行在各对应年份对世界各国划定的高收入、中高收入、中低收入和低收入国家的分类为依据，为避免分组过多后单个分组样本数量不足无法满足回归分析的要求，也为使讨论更加清晰，将其中中低收入和低收入国家合并为"中低及低收入组国家"后进行分组讨论。

第一类：当本国是高收入组国家，贸易伙伴分别为高收入组、中高收入组和中低及低收入组国家时，回归结果见表5-4。

表5-4　高收入组国家贸易便利化分项指标回归结果（农产品）

变量	(5-7) 高收入组	(5-8) 中高收入组	(5-9) 中低及低收入组
A 信息可获得性	0.046	0.453	0.831***
	(0.210)	(0.282)	(0.303)
B 贸易商的参与	0.248	0.302	−0.439*
	(0.165)	(0.253)	(0.248)
C 预裁定	−0.293***	−0.077	−0.178
	(0.097)	(0.136)	(0.137)
D 上诉程序	−0.444***	−0.732***	−0.750***
	(0.138)	(0.184)	(0.180)
E 费用	−0.205	−0.651**	−1.309***
	(0.232)	(0.330)	(0.377)
F 单证类手续	−0.711***	−1.008***	−0.715***
	(0.173)	(0.227)	(0.243)
G 自动化手续	−0.277	−0.380*	−0.270
	(0.170)	(0.225)	(0.250)
H 程序性手续	1.106***	1.155***	1.294***
	(0.242)	(0.316)	(0.319)
I 边境机构的内部合作	0.073	−0.199	−0.170
	(0.118)	(0.165)	(0.175)
J 边境机构的外部合作	−0.161*	0.009	0.041
	(0.087)	(0.125)	(0.115)
K 管理与公正性	−0.114	0.259	0.592***
	(0.151)	(0.238)	(0.228)

（续）

变量	(5-7) 高收入组	(5-8) 中高收入组	(5-9) 中低及低收入组
观测值	97 524	56 889	63 342

注：括号内为进口国-出口国国家组合的聚类标准误，***、**、*分别表示在1%、5%、10%水平上显著。

第二类：当本国是中高收入组国家，贸易伙伴分别为高收入组、中高收入组和中低及低收入组国家时，回归结果见表5-5。

表5-5　中高收入组国家贸易便利化分项指标回归结果（农产品）

变量	(5-10) 高收入组	(5-11) 中高收入组	(5-12) 中低及低收入组
A 信息可获得性	0.240	0.177	-0.046
	(0.214)	(0.292)	(0.312)
B 贸易商的参与	-0.440***	0.064	-0.504**
	(0.157)	(0.237)	(0.253)
C 预裁定	-0.137	0.082	-0.380***
	(0.090)	(0.153)	(0.129)
D 上诉程序	-0.196	-0.176	0.381*
	(0.125)	(0.187)	(0.200)
E 费用	0.358***	0.289	0.398**
	(0.119)	(0.198)	(0.190)
F 单证类手续	-0.177*	0.094	0.305**
	(0.093)	(0.133)	(0.146)
G 自动化手续	0.022	0.018	0.042
	(0.127)	(0.149)	(0.164)
H 程序性手续	-0.254	-0.042	0.286
	(0.224)	(0.320)	(0.315)
I 边境机构的内部合作	-0.007	-0.303**	-0.285**
	(0.111)	(0.152)	(0.143)
J 边境机构的外部合作	-0.206	-0.408***	-0.370**
	(0.129)	(0.133)	(0.158)
K 管理与公正性	0.029	0.004	0.019
	(0.104)	(0.172)	(0.150)
观测值	56 889	30 834	33 129

注：括号内为进口国-出口国国家组合的聚类标准误，***、**、*分别表示在1%、5%、10%水平上显著。

第三类：当本国是中低及低收入组国家，贸易伙伴分别为高收入组、中高收入组和中低及低收入组国家时，回归结果见表5-6。

表5-6 中低及低收入组国家贸易便利化分项指标回归结果（农产品）

变量	(5-13) 高收入组	(5-14) 中高收入组	(5-15) 中低及低收入组
A 信息可获得性	−0.002	−0.060	−0.313
	(0.168)	(0.226)	(0.209)
B 贸易商的参与	−0.121	−0.194	−0.208
	(0.100)	(0.134)	(0.140)
C 预裁定	−0.187***	−0.186**	−0.186***
	(0.052)	(0.073)	(0.070)
D 上诉程序	0.046	0.116	0.225
	(0.098)	(0.134)	(0.145)
E 费用	−0.068	0.157	−0.603***
	(0.157)	(0.224)	(0.222)
F 单证类手续	−0.190**	−0.526***	−0.269**
	(0.083)	(0.114)	(0.122)
G 自动化手续	−0.068	0.289**	0.196
	(0.093)	(0.125)	(0.121)
H 程序性手续	−0.085	0.132	0.365**
	(0.143)	(0.176)	(0.179)
I 边境机构的内部合作	0.314**	0.096	0.369**
	(0.129)	(0.170)	(0.169)
J 边境机构的外部合作	0.038	0.300**	0.069
	(0.092)	(0.127)	(0.122)
K 管理与公正性	−0.060	−0.245**	−0.239**
	(0.073)	(0.102)	(0.105)
观测值	63 342	33 129	41 418

注：括号内为进口国-出口国家组合的聚类标准误，***、**、* 分别表示在1%、5%、10%水平上显著。

将所有发挥了显著性正向作用的分项指标按照系数估计值大小排序列表如下。第一类，本国为高收入组国家时，详见表5-7。

表 5-7　高收入组国家贸易便利化降低贸易成本最有效的前 3 项措施

贸易伙伴	系数值排序	措施名称
高收入组	1	F 单证类手续
	2	D 上诉程序
	3	C 预裁定
中高收入组	1	F 单证类手续
	2	D 上诉程序
	3	E 费用
中低及低收入组	1	E 费用
	2	D 上诉程序
	3	F 单证类手续

第二类，本国为中高收入组国家时，详见表 5-8。

表 5-8　中高收入组国家贸易便利化降低贸易成本最有效的前 3 项措施

贸易伙伴	系数值排序	措施名称
高收入组	1	B 贸易商的参与
	2	F 单证类手续
中高收入组	1	J 边境机构的外部合作
	2	I 边境机构的内部合作
中低及低收入组	1	B 贸易商的参与
	2	C 预裁定
	3	J 边境机构的外部合作

注：当显著项不足 3 项时，仅汇报显著的措施个数。

第三类，本国为中低及低收入组国家时，详见表 5-9。

表 5-9　中低和低收入组国家贸易便利化降低贸易成本最有效的前 3 项措施

贸易伙伴	系数值排序	措施名称
高收入组	1	F 单证类手续
	2	C 预裁定
中高收入组	1	F 单证类手续
	2	K 管理与公正性
	3	C 预裁定
中低及低收入组	1	E 费用
	2	F 单证类手续
	3	K 管理与公正性

注：当显著项不足 3 项时，仅汇报显著的措施个数。

由上可知（表 5 - 7～表 5 - 9），不同贸易便利化指标对贸易成本的影响存在差异，按收入组分类的讨论揭示出同一指标在不同的贸易组合间发挥的效果并不一致，这也说明了由于贸易主体的差异性存在，各国应根据自身和贸易伙伴所处的经济发展阶段选择最为适合的贸易便利化措施。

第一，国家经济发展水平越低，贸易便利化水平提高降低贸易成本的程度更大。在农产品领域，其他条件不变，一国贸易便利化水平每提高 1%，该国与其所有贸易国的平均贸易成本降低 0.492%。

第二，在农产品领域，降低贸易成本应优先发展 F 单证类手续、D 上诉程序和 C 预裁定 3 项措施。

第三，从国家经济发展水平的异质性分析可以看到，对于高收入组国家，未来主要应在 F 单证类手续和 D 上诉程序上做出改进；对于中高收入组国家，应注重改善本国 B 贸易商的参与程度和 I、J 边境机构的内外部合作问题；对于中低及低收入组国家，应注重 F 单证类手续的简化、C 预裁定的建设以及 K 管理公正性水平的提高。

5.3.4 中介效应检验结果

从表 5 - 10 中介效应检验回归结果可知，贸易便利化指标的回归系数显著，贸易成本的回归系数也显著，这说明，贸易成本的降低的确发挥了贸易便利化促进贸易额提升的显著中介效应，但不是完全中介效应，而是部分中介效应。这一点是因为贸易便利化还可以通过其他作用机制影响贸易额，例如在贸易成本未改变的情况下，贸易便利化可以通过促进新的贸易关系产生或者在同等贸易成本的情况下增加交易量等机制影响贸易额的改变。

表 5 - 10 中介效应检验回归结果

变量	(5 - 16)	(5 - 17)	(5 - 18)
贸易成本	−2.540***	−2.666***	−2.624***
	(0.065)	(0.049)	(0.044)
进口国贸易便利化水平	2.924***	2.173***	2.345***
	(0.221)	(0.156)	(0.149)
出口国贸易便利化水平	3.304***	4.366***	4.221***
	(0.207)	(0.152)	(0.144)
地理距离	−1.472***	−1.050***	−1.155***
	(0.049)	(0.037)	(0.035)
是否共同边界	0.598***	0.542***	0.610***
	(0.150)	(0.132)	(0.124)

（续）

变量	(5-16)	(5-17)	(5-18)
是否共同官方语言	0.933***	0.447***	0.555***
	(0.089)	(0.062)	(0.061)
是否殖民地历史	0.193	0.275*	0.260*
	(0.171)	(0.148)	(0.142)
是否曾为同一国家	0.886***	0.169	0.489***
	(0.208)	(0.174)	(0.166)
是否属于同一自贸协定	0.256***	0.165***	0.196***
	(0.077)	(0.055)	(0.053)
进口国GDP	0.605***	0.597***	0.599***
	(0.021)	(0.016)	(0.015)
出口国GDP	1.326***	1.319***	1.318***
	(0.020)	(0.016)	(0.015)
常数项	−35.839***	−35.348***	−35.527***
	(1.026)	(0.785)	(0.729)
观测值	486 324	1 674 906	2 161 230
R^2	0.415	0.583	0.545
年份固定效应	是	是	是
产品固定效应	是	是	是

注：括号内为进口国-出口国国家组合的聚类标准误，***、**、*分别表示在1%、5%、10%水平上显著。

5.4 基本结论和本章小结

5.4.1 基本结论

通过对全球农产品贸易成本基本情况的介绍以及模型分析结果进行汇总，可以得出本章的主要结论汇总如下：

第一，从整体来看，近年全球贸易成本呈现下降趋势，分行业来看，农产品贸易成本显著高于非农产品贸易成本，下降的空间仍很大。

第二，在农产品领域、非农产品领域和全行业中，一国平均贸易成本与其经济发展水平有显著关系。按照进口国的经济发展水平分组来看，进口国为高收入组国家时，双边贸易成本主要由出口国的经济发展水平决定，当进口国为中高收入组国家时，这一规律一致但与不同经济发展水平的出口国之间双边贸易成本的差距缩小；当进口国为中低及低收入组国家时，无论出口国是何种经济发展水平的国家，其双边之间的贸易成本大致相等。这一结论在全行业、农产品领域、非农产品领域一致。

第三，贸易便利化的确能够有效降低贸易成本，国家经济发展水平越低，贸易便利化水平提高降低贸易成本的程度更大。在农产品领域，应优先发展 F 单证类手续、D 上诉程序和 C 预裁定 3 项措施。

第四，从国家经济发展水平的异质性分析可以看到，对于高收入组国家，未来主要的降低贸易成本应在简化下单证类手续和完善 D 上诉程序方面做出改进；对于中高收入组国家，应注重改善本国 B 贸易商的参与程度和 I、J 边境机构的内外部合作问题；对于中低及低收入组国家，应注重 F 单证类手续的简化、C 预裁定的建设以及 K 管理公正性水平的提高。

第五，贸易便利化的确通过降低贸易成本的方式促进了贸易增长，但仅是部分中介效应，而非完全中介效应。贸易便利化还可以通过其他作用机制影响贸易额，例如在贸易成本未改变的情况下，贸易便利化可以通过促进新的贸易关系产生或者在同等贸易成本的情况下增加交易量等机制影响贸易额的改变。

5.4.2 本章小结

综上，本章首先基于联合国亚洲及太平洋经济社会委员会和世界银行联合开发的贸易成本数据库，对 1995—2019 年农产品和非农产品领域的双边贸易成本及其变化情况下进行了详细的说明。其次，通过构建贸易成本和贸易便利化指标的面板数据，利用带有多边阻力项的拓展引力模型对贸易便利化措施对全球农产品贸易成本的影响及其分行业、分国家经济发展水平的异质性展开了讨论。

研究主要结论定性定量明确了贸易便利化对贸易成本的降低作用并验证了其在农产品和非农产品领域的一致性。此后，细致分析了降低贸易成本目标下贸易便利化在农产品领域的关键措施，以及通过将贸易双方按照经济发展水平分组讨论，进一步指出了不同经济发展程度国家应如何确定优先发展的贸易便利化措施选择，这一实证结果对指导不同国家，特别是发展程度相对较低的国家更具有重大实践意义。最后，对贸易成本在贸易便利化促进贸易额提高的过程中发挥的中介效应进行了检验。

6 ｜ 新冠疫情冲击下贸易便利化对全球农产品贸易韧性的影响分析——以小麦、稻谷、玉米三大主粮为例

新冠疫情自 2019 年 12 月以来被发现并在全球大流行，新冠疫情大流行导致的健康和经济危机是对世界贸易体系的一次大考，对全球供应链和各国之间的贸易关系带来了前所未有的冲击，对世界各国人民的生产生活等方方面面产生了重大影响。受新冠疫情影响，全球粮价全线冲高，根据《全球粮食危机报告》，2021 年底，全球有 7.2 亿～8.11 亿人面临食物不足，严重粮食不安全状况的人数增至 2.65 亿人，比 2016 年几乎增加近 1 倍。疫情对全球粮食生产和流通环节均产生了重大影响，农产品市场的不确定性风险显著增强。从长期看，世界格局正在改变国家粮食供应链和贸易结构，尤其是一些严重依赖粮食进口的落后国家受到了严重冲击。联合国粮农组织（FAO）、WTO、二十国集团（G20）等国际组织都联合倡议并出台了加强合作、确保贸易畅通和粮食安全的措施，以对冲疫情的不利影响。

从农产品贸易领域的研究出发，新冠疫情是一次同时、广泛发生的外部冲击，世界各国几乎在相近的时间面临相近的冲击，因此是一次符合冲击后差异化结果研究的天然实验，通过以各国应对疫情冲击后原有的贸易关系是否继续存续来衡量各国的农产品的贸易韧性是较为适宜的。本章以全球小麦、稻谷、玉米三大主粮为例，分析新冠疫情外部冲击发生后全球贸易格局基本情况的变化以及贸易便利化对一国农产品贸易韧性的影响。其中，贸易韧性以 2019 年世界上存在的小麦、稻谷、玉米三大主粮在 HS-6 分位产品层面贸易关系在 2020 年、2021 年是否继续存续来界定。

6.1 新冠疫情以来全球小麦、稻谷、玉米三大主粮贸易基本情况

6.1.1 贸易额上升、贸易量下降，粮价高涨

由于贸易数据统计为全球总体情况，全球总进口理论上应等于全球总出口，本节以数据统计质量更高的进口数据展开分析。从图 6 - 1 可知，自 2019 年底发生新冠疫情并向全球蔓延后，全球小麦、稻谷、玉米三大主粮（依据《中国农产品贸易发展报告》统计口径，小麦产品 1001、1008、1101、1103、1904；稻谷产品 1006、1102、1103；玉米产品 1005、1102～1104）呈现出明显的贸易额上升、贸易量下降的格局。三大主粮全球贸易额在 2020 年小幅下降，2021 年回升，但是看到贸易量不断下降，说明三大主粮贸易价格显著上涨，这加剧了全球粮食供应紧张情况。

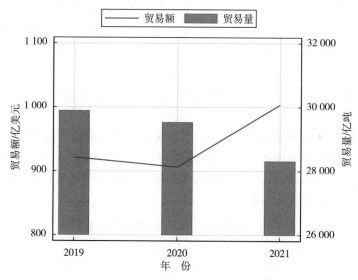

图 6 - 1 新冠疫情以来三大主粮贸易情况
数据来源：根据 UN Comtrade 数据库计算而得。

6.1.2 部分国家出台农产品贸易限制性或促进性临时措施

根据 WTO 官方网站新冠疫情专题统计数据，可以看到，许多国家在应对新冠疫情时采取了针对特殊产品的临时性贸易措施，如疫苗、医疗用品等，其中也有一部分国家针对农产品制定了贸易限制性或促进性临时措施，对农产品贸易在短期内产生了较大影响。根据截至 2022 年 10 月的统计数据，新冠疫情背景下针对农产品采取的贸易相关措施共计 102 项。其中，进口措施 54 项，

具体包括进口限制性措施 6 项，进口促进性措施 48 项；出口措施 45 项，具体包括出口限制性措施 37 项，出口促进性措施 8 项；其他相关措施 3 项，具体包括限制性措施 1 项，促进性措施 2 项。

进口限制性措施的出台整体较少，主要针对乙醇和冷冻产品，主要形式是在短期内限制特定产地的产品或提出了更严格的进口要求。针对乙醇的进口限制，以哥伦比亚为例，主要是基于产业保护的原因，由于应对疫情导致的人口隔离与封锁使国内对燃料及乙醇的总体需求大幅下降，但受乙醇的储存能力有限以及对下游糖产业的影响仅在 2020 年的 4—8 月对乙醇进口实行限制；而针对冷冻产品的进口限制要求主要是基于病毒传播的特性，冷冻产品相对风险更大。进口促进性措施的出台较多，主要针对卫生医疗、个人防护类产品和农产品，主要形式是降低或取消个别产品的关税、免征进口增值税等关税措施，也有一些增加进口配额这类非关税措施以及将个别产品纳入自动许可证范畴的贸易便利化措施。

出口限制性措施的出台也较少，主要针对农产品和卫生医疗、个人防护类产品，主要形式是直接对个别产品实施短期临时出口禁令或增加出口配额限制的方式，基本上为本国粮食安全状况较差和医护产品生产能力不足的国家，如中亚各国和埃及等。出口促进性措施针对的主要产品同上，主要形式是暂时取消个别产品的出口税以及在疫情形势有所好转后终止此前公布的出口禁令和配额。

通过梳理详细的 HS 产品代码，可以发现，在各国出台的农产品贸易限制性及促进性措施中，涉及小麦、稻谷、玉米的有 18 个国家，25 条措施。限制性措施共计 14 条，涉及 11 个国家或经济体，全部集中在出口侧，对三大主粮的短期供应产生了较大影响（表 6-1）。

表 6-1　新冠疫情以来三大主粮出口限制措施

国家/经济体	限制形式	HS 产品代码	生效时间
阿尔及利亚	短期出口禁令	1006、1101、1102、1103、1904	2020.03
白俄罗斯	短期出口限制	1008.10、1103.19、1104.29、1904.90	2020.04—2020.07
亚欧经济联盟	短期出口禁令	1006、1008.10、1008.21、1008.29、1103、1104.29、1904.90	2020.04—2020.06
哈萨克斯坦	短期出口禁令	1008.10、1103.19	2020.04—2020.05
	短期出口配额	1101.00、1001.99	2020.04—2020.05
	短期出口禁令	1001、1006、1101	2020.03—2020.09
吉尔吉斯斯坦	短期出口禁令	1001、1005、1006、1101	2021.07—2022.01
	短期出口禁令	1005、1006、1101	2021.01

（续）

国家/经济体	限制形式	HS 产品代码	生效时间
马里	短期出口禁令	1006.40	2021.12
北马其顿	短期出口禁令	1001.19、1001.91、1001.99	2020.03—2020.04
罗马尼亚	短期出口禁令	1001、1005、1006、1101	2020.04
俄罗斯	短期出口配额	1001、1005	2020.04—2020.06
赞比亚	短期出口禁令	1006.40、1101.00、1102.20、1008.20	2020.03—2020.07
越南	短期出口配额	1006	2020.04—2020.05

数据来源：根据 WTO 网站新冠疫情专题统计整理而得。

6.1.3 进口进一步集中

结合表 6-2 和表 6-3 可以看到：其一，在粮食供应不足的情况下，无论是从开展进口贸易的国家数量还是从贸易的金额和数量来看，进口都变得更加集中了，开展进口贸易的国家数量大幅减少。从 HS-4 分位级的水平上看，2019 年存在的进口贸易关系有 1 028 个，到 2021 年仅剩 790 个。其二，少数国家进口了世界上用于出口的绝大部分的粮食，且这一趋势在疫情背景下不断加大。如 2019 年，世界上前 5 大进口国的三大主粮进口贸易额占对应产品世界总出口的比例从 23.7% 增长到 2021 年的 35.4%，世界上前 5 大进口国的三大主粮进口贸易量从 2019 年的 27.7% 增长到 2021 年的 39.9%；世界上前 10 大进口国的三大主粮进口 2019 年贸易额占对应产品世界总出口的比例从 42.4% 增长到 2021 年的 54.4%，世界上前 10 大进口国的三大主粮进口贸易量从 2019 年的 49.0% 增长到 2021 年的 60.8%；世界上前 20 大进口国的三大主粮进口 2019 年贸易额占对应产品世界总出口的比例从 67.7% 增长到 2021 年的 80.3%，世界上前 20 大进口国的三大主粮进口贸易量从 2019 年的 73.4% 增长到 2021 年的 83.3%。

表 6-2 新冠疫情以来三大主粮进口国数量（分产品）

单位：个

年份	HS 产品代码									合计
	1001	1005	1006	1008	1101	1102	1103	1104	1904	
2019	112	115	115	113	114	114	115	115	115	1 028
2020	104	107	107	104	106	107	106	107	107	955
2021	87	88	88	88	88	88	87	88	88	790
合计	303	310	310	305	308	309	308	310	310	2 773

数据来源：根据 UN Comtrade 数据库计算而得。

表 6 - 3　新冠疫情以来三大主粮进口贸易集中度

单位：%

类别	贸易量占比			贸易额占比		
	2019 年	2020 年	2021 年	2019 年	2020 年	2021 年
前 5 大进口国	27.7	29.3	39.9	23.7	26.9	35.4
前 10 大进口国	49.0	50.3	60.8	42.4	44.8	54.4
前 20 大进口国	73.4	75.5	83.3	67.7	71.2	80.3

数据来源：根据 UN Comtrade 数据库计算而得。

6.1.4　贸易韧性在不同收入组国家中存在差异

从表 6 - 4 可看出，不同收入组国家进口贸易韧性存在差异，疫情发生以来，在整体贸易更加集中的格局下，各个经济发展水平的国家组都存在一定的贸易关系终止，一些国家退出了世界进口贸易市场，相对而言，经济发展水平越低的国家受到的影响越大，也即其贸易韧性越低。

表 6 - 4　新冠疫情以来三大主粮进口贸易关系存续情况

收入水平分组	贸易关系中断/个	贸易关系存续/个	总计/个	贸易韧性/%
高收入国家	425	2 707	3 132	86.4
中高收入国家	291	1 461	1 752	83.4
中低收入国家	532	1 008	1 540	65.5
低收入国家	212	180	392	45.9
合计	1 460	5 356	6 816	78.6

注：以 2019 年各国存在的贸易关系为基准判断其在 2020 年和 2021 年是否存续，贸易韧性为存续的贸易关系数量占总贸易关系的比例。

从表 6 - 4 可知，世界粮食进口的格局正在发生改变，进口进一步集中的趋势加强，许多原有的产品层面的贸易关系中断，不同国家的贸易韧性表现存在差异。那么，各个国家的贸易便利化水平对其贸易韧性是否有影响？基于以上背景，本研究提出以下假设。

H：新冠疫情外部冲击下，贸易便利化水平越高越有助于保持贸易韧性。

6.1.5　核心变量统计分析

实证分析之前，先对样本数据进行初步分析便于直观判断，从 T 检验可以看出，存续组和消失组直接的贸易便利化水平在 1% 的统计水平上存在显著差异（表 6 - 5），可以初步判断，贸易便利化水平提高有助于提高贸易韧性。

表 6-5 存续和消失组贸易便利化水平 T 检验

贸易韧性	存续组	消失组	差值	T 值
贸易便利化水平	1.42	1.13	−0.9	−25.89***

注：***表示在 1%的统计水平上显著。

6.2 模型设定和描述性统计

6.2.1 模型设定

建立一国贸易便利化水平与贸易韧性的实证模型如下：

$$traderesilience_{it} = \beta_0^k + \beta_1^k \ln TFI_{it} + \beta_2^k \ln GDP_{it} + \beta_3^k\, landlocked_t +$$
$$\beta_4^k \ln COVID_{it} + \beta_5^k\, exportban_{it} + \varepsilon_{ijt}^k \qquad (6-1)$$

式（6-1）中，$traderesilience_{it}$ 表示 t 时期进口国 i 在 2019 年已有的贸易关系在 t 年是否存续，其中，t 取值为 2020 或 2021 年；$\ln TFI_{it}$ 为 i 国贸易便利化水平，并取自然对数；$\ln GDP_{it}$、$landlocked_t$、$\ln COVID_{it}$、$exportban_{it}$ 是影响贸易韧性的一系列控制变量，分别是经济发展水平、是否内陆国、新冠累计确诊病例数和出口禁令情况。β_0^k 为常数项，$\beta_1^k \sim \beta_5^k$ 为待估计参数，ε_{ijt}^k 为随机误差项。由于被解释变量是离散型二值变量，本章选取 Probit 模型进行基准回归。

6.2.2 变量定义及数据来源

本书通过整理 HS-6 分位贸易数据、贸易便利化数据和其他控制变量数据，得到一套 2020—2021 年 2 个年份的非完全平衡面板数据，产品详细至 HS-6 分位 39 类，共计 6 816 个观测值。

6.2.2.1 被解释变量

贸易韧性。本研究将贸易韧性界定为，在 2019 年世界各国进口三大主粮存在的贸易关系中，到了 2020 年和 2021 年是存续还是消失，存续的赋值为 1，消失的赋值为 0。贸易韧性是一个二值变量。双边贸易数据来自 UN Comtrade 数据库。

6.2.2.2 核心解释变量

贸易便利化指标，分为总体指标和分项指标，取值均为 0～2，贸易便利化数据来自 OECD 的专项调查，时间取值范围为 2019 年。

6.2.2.3 控制变量

（1）经济发展水平

$\ln GDP_{it}$ 代表 t 时期进口国 GDP 规模，衡量经济规模和需求强度，数据来自世界银行世界发展指标（WDI）数据库。

（2）是否内陆国

数据来自法国智库国际研究中心（CEPII）数据库。

（3）新冠累计确诊病例数

用来表示疫情严重程度，数据来自世界卫生组织（WHO）网站。

（4）出口禁令情况

主要贸易国截至对应年份是否对对应产品发布了短期出口禁令，数据来自WTO新冠疫情专题统计数据。

6.2.3　描述性统计

变量定义和描述性统计详见表6-6。

表6-6　变量定义和描述性统计

变量	变量代码	说明	描述性统计			
			均值	标准差	最小值	最大值
贸易韧性	$traderesilience_{it}$	贸易关系：存续＝1，消失＝0	0.786	0.410	0.000	1.000
贸易便利化水平	TFI_t	0～2内取值	1.364	0.393	0.225	1.869
信息可获得性	A	0～2内取值	1.401	0.418	0.200	2.000
贸易商的参与	B	0～2内取值	1.463	0.406	0.000	2.000
预裁定	C	0～2内取值	1.424	0.623	0.000	2.000
上诉程序	D	0～2内取值	1.381	0.416	0.130	2.000
费用	E	0～2内取值	1.619	0.359	0.200	2.000
单证类手续	F	0～2内取值	1.416	0.450	0.380	2.000
自动化手续	G	0～2内取值	1.326	0.522	0.110	2.000
程序性手续	H	0～2内取值	1.422	0.337	0.480	1.940
边境机构的内部合作	I	0～2内取值	1.019	0.456	0.110	1.910
边境机构的外部合作	J	0～2内取值	1.067	0.522	0.000	2.000
管理与公正性	K	0～2内取值	1.490	0.547	0.000	2.000
经济发展水平	$\ln GDP_{it}$	一国GDP名义值（千亿美元）	8.252	27.83	0.003	230.000
是否内陆国	$landlocked_t$	内陆国：是＝1，否＝0	0.218	0.413	0.000	1.000
新冠累计确诊病例数	$\ln COVID_{it}$	确诊病例数/亿人	1.605	5.134	0.000	53.550
出口禁令情况	$exportban_{it}$	主要贸易国是否发布了短期出口禁令：是＝1，否＝0	0.005	0.073	0.000	1.000

6.3 实证估计及结果解释

6.3.1 基准回归结果

根据模型设定，本章中被解释变量为贸易韧性，逐步将控制变量加入回归之中，依次得到列（6-1）～列（6-5）5个回归结果，详见表6-7。

表6-7 Probit基准回归结果

变量	（6-1）	（6-2）	（6-3）	（6-4）	（6-5）
贸易便利化水平	0.318***	0.377***	0.383***	0.386***	0.386***
	(0.013)	(0.017)	(0.017)	(0.017)	(0.017)
经济发展水平		−0.019***	−0.017***	−0.011***	−0.011***
		(0.003)	(0.003)	(0.004)	(0.004)
是否内陆国			0.043***	0.047***	0.047***
			(0.011)	(0.011)	(0.011)
新冠累计确诊病例数				−0.010***	−0.010***
				(0.003)	(0.003)
出口禁令情况					−0.150*
					(0.083)
观测值	6 816	6 765	6 765	6 746	6 746

注：括号内为进口国聚类标准误，***、**、*分别表示在1%、5%、10%水平上显著。

表6-7列（6-1）对核心解释变量进行了估计，可以发现，贸易便利化水平在1%的统计水平上显著提高了一国进口贸易的韧性。平均来说，贸易便利化水平每提高1%，贸易韧性提高0.318%。列（6-2）～列（6-5）逐步加入了经济发展水平、是否内陆国、新冠累计确诊病例数和出口禁令情况控制变量，根据估计结果，贸易便利化水平的边际效应系数逐步提高，且均在1%的统计水平上显著，结论稳健性高，假设成立。

就控制变量而言，可以看到，在前文描述性统计中呈现出经济发展水平越高贸易韧性越强的情况，但是在控制了各个进口国的贸易便利化水平后，一国经济发展水平对于其贸易韧性的边际效应是微小的负向作用。结合前文中对于贸易韧性理论的分析，可能是由于，一国经济发展水平越高，其农产品贸易网络往往更加复杂、食物供给的供应链可能更长，开展的贸易活动也更加频繁，同时维系的贸易关系更多，那么在遭遇外部冲击时贸易中断可能性也就更高。

由于贸易韧性并非一个绝对水平的衡量，而是各国相对于自身未遭受外部冲击时的起始水平的相对变化情况，因此极有可能产生这种经济水平越发达贸易韧性越差的情形。其他控制变量是否内陆国估计的边际效应系数符号为微小的正向显著效应，说明内陆国比非内陆国对贸易韧性的影响非但没有更低反而还更高，这与经济发展水平的解释类似，由于内陆国往往相对非内陆国贸易线路受限，原有的贸易关系数量也较少，因此在遭受冲击时能够保留的比例更高或至少不低于非内陆国。新冠累计确诊病例数对农产品进口有微小的负向显著影响，这说明本国病例数越多，进口贸易韧性的确会下降，但这一影响并不是很大。

为进一步识别不同贸易便利化措施带来的具体影响，下文继续将 11 个分项指标分别带入模型进行分析。

6.3.2 分指标回归结果

结合表 6-8，分指标情况看，5 项贸易便利化措施在 1% 的统计水平上显著提高了一国进口的贸易韧性，按系数估计值大小排序依次是 K 管理与公正性、B 贸易商的参与、F 单证类手续、C 预裁定和 J 边境机构的外部合作。平均而言，K 管理与公正性水平每提高 1%，贸易韧性提高 0.251%；B 贸易商的参与水平每提高 1%，贸易韧性提高 0.211%；F 单证类手续每提高 1%，贸易韧性提高 0.143%；C 预裁定水平每提高 1%，贸易韧性提高 0.083%；J 边境机构的外部合作水平每提高 1%，贸易韧性提高 0.033%。与前文的分析不同的是，能够提高贸易额和降低贸易成本的措施与能够提高贸易韧性的措施及其重要性排序是有差别的，因为提高贸易量和降低贸易成本与贸易韧性考验的是一国在贸易过程中不同内涵的能力，形象地说，通过贸易便利化措施提高一国贸易量和降低贸易成本可以说是在贸易过程上"锦上添花"的事情，而在遭受冲击后提高贸易韧性的措施则更像是"雪中送炭"，是在危机中维持粮食安全的政策工具选择。

表 6-8 分项指标回归结果

变量	(6-6)
A 信息可获得性	−0.014
	(0.032)
B 贸易商的参与	0.211***
	(0.027)
C 预裁定	0.083***
	(0.015)

（续）

变量	（6－6）
D 上诉程序	0.005
	(0.022)
E 费用	−0.097***
	(0.024)
F 单证类手续	0.143***
	(0.027)
G 自动化手续	−0.030
	(0.025)
H 程序性手续	−0.224***
	(0.056)
I 边境机构的内部合作	−0.122***
	(0.020)
J 边境机构的外部合作	0.033*
	(0.017)
K 管理与公正性	0.251***
	(0.015)
经济发展水平	0.010**
	(0.004)
是否内陆国	0.127***
	(0.010)
新冠累计确诊病例数	−0.022***
	(0.003)
观测值	6 210

注：括号内为标准误，***、**、*分别表示在1％、5％、10％水平上显著。

6.3.3 异质性分析

为进一步拓展讨论深度，本书以世界银行在各对应年份对世界各国划定的高收入、中高收入、中低收入和低收入国家的分类为依据，为避免分组过多后单个样本数量不足无法满足回归分析的要求，也为使讨论更加清晰，将其中中低收入和低收入组国家合并为中低及低收入组国家后进行分组讨论。回归结果详见表6-9。

表6-9 按国家经济发展水平分组贸易便利化分项指标回归结果

变量	（6－7）高收入组	（6－8）中高收入组	（6－9）中低及低收入组
A 信息可获得性	−0.543***	−0.488***	−0.102
	(0.063)	(0.145)	(0.069)

（续）

变量	(6-7) 高收入组	(6-8) 中高收入组	(6-9) 中低及低收入组
B 贸易商的参与	-0.067	-0.738***	0.426***
	(0.049)	(0.151)	(0.060)
C 预裁定	-0.034	0.241***	0.113***
	(0.038)	(0.061)	(0.038)
D 上诉程序	0.246***	0.074	0.017
	(0.046)	(0.170)	(0.053)
E 费用	-0.348***	-0.045	0.127*
	(0.069)	(0.083)	(0.065)
F 单证类手续	-0.398***	0.030	0.347***
	(0.051)	(0.080)	(0.071)
G 自动化手续	-0.045	-0.013	-0.026
	(0.058)	(0.053)	(0.068)
H 程序性手续	0.493***	-0.948***	-0.674***
	(0.088)	(0.291)	(0.142)
I 边境机构的内部合作	-0.275***	0.120	-0.108**
	(0.032)	(0.090)	(0.049)
J 边境机构的外部合作	0.042**	0.144***	-0.020
	(0.017)	(0.041)	(0.046)
K 管理与公正性	0.434***	0.484***	0.326***
	(0.064)	(0.055)	(0.028)
经济发展水平	0.012***	-0.018***	0.147***
	(0.003)	(0.005)	(0.019)
是否内陆国	0.052***	-0.541***	0.344***
	(0.008)	(0.092)	(0.027)
新冠累计确诊病例数	-0.003*	-0.054***	-0.133***
	(0.002)	(0.008)	(0.013)
观测值	2 936	1 628	1 646

注：括号内为标准误，***、**、* 分别表示在 1%、5%、10% 水平上显著。

按不同国家经济发展水平来看，对于高收入组国家，4 项贸易便利化措施在 1% 的统计水平上显著提高了一国进口的贸易韧性，按照系数估计值大小排序分别是 H 程序性手续、K 管理与公正性、D 上诉程序。平均而言，H 程序性手续水平每提高 1%，贸易韧性提高 0.493%；K 管理与公正性水平每提高 1%，贸易韧性提高 0.434%；D 上诉程序水平每提高 1%，贸易韧性提高 0.246%。

对于中高收入组国家，3 项贸易便利化措施在 1% 的统计水平上显著提高了一国进口的贸易韧性，按照系数估计值大小排序分别是 K 管理与公正性、C 预裁定和 J 边境机构的外部合作。平均而言，K 管理与公正性水平每提高 1%，贸易韧性提高 0.484%；C 预裁定水平每提高 1%，贸易韧性提高 0.241%；J 边境机构的外部合作水平每提高 1%，贸易韧性提高 0.144%。

对于中低及低收入组国家，4 项贸易便利化措施在 1% 的统计水平上显著提高了一国进口的贸易韧性，按照系数估计值大小排序分别是 B 贸易商的参与、F 单证类手续、K 管理与公正性和 C 预裁定。平均而言，B 贸易商的参与水平每提高 1%，贸易韧性提高 0.426%；F 单证类手续水平每提高 1%，贸易韧性提高 0.347%；K 管理与公正性水平每提高 1%，贸易韧性提高 0.326%；C 预裁定水平每提高 1%，贸易韧性提高 0.113%。

与前文关于贸易便利化措施如何促进贸易量的提升以及如何降低双边贸易成本的讨论不同，贸易便利化措施影响贸易韧性提高的关键措施非常有趣。可以看到，简化程序和减少贸易手续的复杂性（H 程序性手续和 F 单证类手续两项措施）能够促进贸易量提高以及降低双边贸易成本，但是在遭遇外部冲击时如何提高贸易韧性却不再是关键性措施，相反，此时 K 管理与公正性、B 贸易商的参与两个措施显得尤其重要。这说明，在冲击发生、价格抬高和市场买方高度竞争的背景下，一国管理水平及其公正性的国际声誉发挥了重要作用，安全性成了促成交易的首要考虑因素。因此，各国均应当注重对本国管理水平及其公正性的长期积累，这将成为压力情形下的重大"软实力"。值得关注的是，B 贸易商的参与，这一指标的内涵也是指在贸易过程和规则的设立、生效前使更广泛的贸易主体参与其中，虽然难以直接界定贸易商的参与会直接改变哪一具体措施，但是贸易主体会倾向于建立有利于自己贸易关系更加牢固的措施执行以及对于新的贸易规则生效前提前知晓，有利于有一个充分的过渡期进行调整，避免因无法及时调整、适应等原因造成贸易的中断，这一做法执行成本低，具有较高的参考性。

6.4 基本结论和本章小结

6.4.1 基本结论

第一，虽然描述性统计显示发达国家贸易韧性更高，相对落后国家贸易关系更加脆弱，但在控制了贸易便利化水平后，一国 GDP 与其进口贸易韧性反而呈现了负向相关关系。这说明，处于任何经济发展水平的国家均可以依靠提高贸易便利化水平来提升贸易韧性。

第二，贸易便利化水平提高的确能够提高一国进口的贸易韧性。平均来说，贸易便利化水平每提高 1%，贸易韧性提高 0.318%。

第三，不同国家经济发展水平为提高贸易韧性应选择的最适用的贸易便利化措施存在差异。按不同国家经济发展水平来看，对于高收入组国家，应注重 H 程序性手续、K 管理与公正性、D 上诉程序和 J 边境机构的外部合作；对于中高收入组国家，应注重 K 管理与公正性、C 预裁定和 J 边境机构的外部合作；对于中低及低收入组国家，应注重 B 贸易商的参与、F 单证类手续、K 管理与公正性和 C 预裁定。

第四，与前文关于贸易便利化措施如何促进贸易量的提升以及如何降低双边贸易成本的讨论不同，简化 H 程序性手续和 F 单证类手续在遭遇外部冲击时如何提高贸易韧性不再是关键性措施，相反，此时注重 K 管理与公正性、B 贸易商的参与两个措施显得尤其重要。

6.4.2　本章小结

综上，本章首先对研究的背景也即新冠疫情的发生为研究建立了一个检验农产品贸易韧性的天然实验的合理性进行了说明。其次以玉米、小麦、稻谷三大主粮为例，对新冠疫情发生后 HS-6 分位产品层面的贸易现实进行了详细说明，发现了世界三大主粮进口进一步集中这一突出现象，并据此提出关于贸易便利化是否能够促进贸易韧性提高的假设。为了对这一假设进行验证，本文进行了不同经济发展水平国家贸易韧性的描述性统计，并进行了 T 检验，在研究结论得到初步认证后进一步进行了回归分析。研究主要结论定性定量明确了贸易便利化对贸易韧性的提高作用。此后通过将进口国按照经济发展水平分组讨论，细致分析了不同经济发展水平国家为提高贸易韧性应优先发展的贸易便利化措施选择。最后，将提高贸易韧性的关键措施与提高贸易量和降低贸易成本的关键措施所发挥作用的差异进行了对比分析。

7 | 结论及政策建议

7.1 主要结论

本书从贸易便利化研究对农产品贸易的突出重要性和相关研究的缺失切入，首先对既有研究进行评述，详细说明 WTO《贸易便利化协定》的具体内容和实施情况，选取当前可获得数据中最全面且具有可比性的贸易便利化衡量指标并据此分析全球各国贸易便利化水平基本情况和变化趋势；其次定性定量分析贸易便利化对农产品贸易量和贸易成本的总体影响及分项措施的差异化影响，并将研究拓展至不同经济发展水平的贸易双方组合之中；最后在新冠疫情外部冲击下，定量分析贸易便利化措施对贸易韧性的总体影响及分项措施的差异化影响，以便为不同发展阶段的经济体更有针对性地去确定贸易便利化行动的优先次序进行政策选择提供依据。本文得出的主要结论如下。

7.1.1 在动力来源方面

全球贸易便利化水平不断提高，中高收入组国家的平均贸易便利化水平改进成效最为突出，是推动全球贸易便利化平均水平上升的主要动力。依据 OECD 贸易便利化指标计算，在 2017—2019 年，全球贸易便利化水平提高了9%。排名较高的国家和地区包括北美洲、欧洲、新加坡等；中国、俄罗斯、印度、巴西等在内的新兴市场国家进步很快，但仍旧与发达国家和地区存在一定差距；而非洲和拉丁美洲国家虽有进步但仍旧需要能力建设的援助，个别内陆国家甚至出现了倒退的情况。整体来说，全球贸易便利化仍有很大的提升空间。2019 年与 2017 年相比，高收入组国家的贸易便利化起始水平高、改进空间有限，中低及低收入组国家虽有一定增长但并不明显，中高收入组国家的平均贸易便利化水平改进成效最为突出，是推动全球贸易便利化平均水平上升的主要动力。

7.1.2 在行业差异方面

一国贸易便利化水平提高对其农产品贸易量增长、贸易成本降低和贸易韧性提高均发挥了显著的促进作用，但从行业上看，在农产品领域所发挥积极作用的程度不及非农产品领域。①从贸易量上看，在农产品领域，进口国贸易便利化水平每提高 1%，进口增长 1.483%；出口国贸易便利化水平每提高 1%，出口增长 1.805%。农产品领域与全行业整体情况相比，农产品领域中进口国贸易便利化水平提高的促进作用提高，出口国贸易便利化水平提高的促进作用降低。这一实证结论说明，在农产品领域，开展贸易的障碍更多集中在进口国贸易便利化的能力方面，进口侧贸易便利化水平的提升是农产品贸易便利化改进的关注重点。如果世界上所有贸易便利化水平低于世界平均水平的国家提高到 2019 年平均水平，全球农产品贸易总额将会增加 617.96 亿美元，约为 2019 年农产品贸易总额的 3.5%。以提高贸易量为目标，对进口国而言，最有效的措施是 H 程序性手续、F 单证类手续、D 上诉程序和 A 信息可获得性等措施；对于出口国而言，最有效的措施是 K 管理与公正性、B 贸易商的参与、F 单证类手续、H 程序性手续等措施。②从贸易成本上看，整体上近年来全球贸易成本呈现下降趋势。分行业对比，农产品贸易成本显著高于非农产品贸易成本，下降的空间仍然很大。在农产品领域，贸易便利化的确能够有效降低贸易成本，一国贸易便利化水平每提高 1%，该国与其所有贸易国的平均贸易成本降低 0.492%；国家经济发展水平越低，贸易便利化水平提高降低贸易成本的程度更大。以降低贸易成本为目标，在农产品领域，应优先发展 F 单证类手续、D 上诉程序和 C 预裁定 3 项措施。③从贸易韧性上看，以小麦、稻谷和玉米三大主粮为例，虽然描述性统计显示的客观现象是相对发达国家的贸易韧性更高，相对落后国家贸易关系更加脆弱，但控制了贸易便利化水平之后，一国 GDP 与其进口贸易韧性反而呈现出负向相关关系，而贸易便利化水平与其进口贸易韧性显著正相关，其他条件不变，贸易便利化水平每提高 1%，贸易韧性提高 0.318%。这说明，处于任何经济发展水平的国家均可以依靠提高贸易便利化水平来提升贸易韧性。提高贸易额和降低贸易成本与贸易韧性考验的是一国在贸易过程中不同内涵的能力，以提高贸易韧性为目标，简化 H 程序性手续和 F 单证类手续在遭遇外部冲击时对提高贸易韧性不再是关键性措施，相反，此时注重 K 管理与公正性和 B 贸易商的参与尤其重要。

7.1.3 在措施效果方面

不同经济发展水平的贸易组合应优先发展的贸易便利化措施存在差异。①以提高贸易量为目标，除 F 单证类手续和 H 程序性手续的优化提高是所有经济发展水平组合提高贸易便利化水平都应当最优先发展的两项措施外，高收入组国家应额外注重 E 费用的降低和 I、J 边境机构的内外部合作，中高收入组国家应额外注重发展 A 信息可获得性水平，中低及低收入组国家应额外注重提高 A 信息可获得性和 D 上诉程序的水平。②以降低贸易成本为目标，对于高收入组国家，未来主要的降低贸易成本应在简化 F 单证类手续和完善 D 上诉程序方面做出改进；对于中高收入组国家，应注重改善本国 B 贸易商的参与程度和 I、J 边境机构的内外部合作问题；对于中低及低收入组国家，应注重 F 单证类手续的简化、C 预裁定的建设以及 K 管理与公正性水平的提高。③以提升贸易韧性为目标，对于高收入组国家，应注重 H 程序性手续、K 管理与公正性、D 上诉程序和 J 边境机构的外部合作；对于中高收入组国家，应注重 K 管理与公正性、C 预裁定和 J 边境机构的外部合作；对于中低及低收入组国家，应注重 B 贸易商的参与、F 单证类手续、K 管理与公正性和 C 预裁定。

7.2 政策建议

根据上述研究结论，本文重点提出以下政策建议。

7.2.1 建立可度量可比较的贸易便利化体系

建立能够直接衡量全球各国农产品贸易便利化水平的指标体系。目前贸易便利化水平的衡量指标已经更加细致全面，在指标设立时也适当考虑到了农产品的特殊性，但至今尚未有一套完整、科学、贴近农产品贸易需求的指标体系设置，自然就无法准确度量各国在农产品领域的真实贸易便利化水平，也就无法展开连续的跟踪评价和及时进行政策效果检验和改革目标选择。

7.2.2 系统谋划针对农产品贸易的便利化措施

系统谋划农产品贸易便利化具体措施，进一步优化农产品通关全流程。如在通关过程中对易腐和非易腐货物执行区分政策，针对易腐货物、生鲜货物，探索实施进口负面清单制度。限定快速通关产品绿色通道的办结时限，进一步提高农产品贸易的可预测性和时效性；尤其要注重发挥预裁定和上诉程序在降低农产品贸易风险和成本上的重要作用，具体措施应同时注意兼顾便利与安全之间的关系。

7.2.3 依托贸易便利化提升韧性以应对外部冲击

基于粮食安全的战略需要，从贸易韧性的视角出发认识和开展农产品贸易，提高应对冲击的抵抗能力和冲击缓解后的恢复能力。注重营造一国管理水平和公正性的国际声誉，在制定政策的过程中更多纳入贸易主体协商，建立有利于保护贸易主体贸易韧性的外部环境，以应对各类预期外的冲击发生之时的

"不时之需"，保护和发展国际贸易无论是在平常时期还是特殊时期都能具备作为确保国家粮食安全的有效通道的"软实力"。

7.2.4　根据自身贸易格局确定贸易便利化优先次序

开展贸易便利化改革更要有的放矢，改革除了立足自身，同时也要注重主要贸易伙伴国的经济发展程度及对方贸易便利化各维度建设情况。根据自身及贸易对象和主要贸易产品的特殊性制定本国贸易便利化改进的优先措施，既要考虑政策执行的成本与收益，也要兼顾短期与长期利益，避免泛泛、低效、无针对性地开展贸易便利化工作导致效率低下和资源浪费。

鲍晓华，严晓杰，2014. 我国农产品出口的二元边际测度及 SPS 措施的影响研究 ［J］. 国际贸易问题（6）：33-41.

董银果，黄俊闻，2018. SPS 措施对出口农产品质量升级的影响：基于前沿距离模型的实证分析 ［J］. 国际贸易问题（10）：45-57.

方晓丽，朱明侠，2013. 中国及东盟各国贸易便利化程度测算及对出口影响的实证研究 ［J］. 国际贸易问题（9）：68-73.

房悦，范舟，李先德，2022. 贸易便利化对全球农产品贸易的影响及其对中国的启示 ［J］. 农业经济问题（6）：122-133.

耿献辉，张晓恒，周应恒，2014. 中国农产品出口二元边际结构及其影响因素 ［J］. 中国农村经济（5）：36-50.

贺灿飞，陈韬，2019. 外部需求冲击、相关多样化与出口韧性 ［J］. 中国工业经济（7）：61-80.

洪俊杰，詹迁羽，2021. "一带一路"设施联通是否对企业出口有拉动作用：基于贸易成本的中介效应分析 ［J］. 国际贸易问题（9）：138-156.

胡冰川，徐枫，董晓霞，2009. 国际农产品价格波动因素分析：基于时间序列的经济计量模型 ［J］. 中国农村经济（7）：86-95.

贾伟，秦富，2013. 中国谷物贸易成本测度及其对贸易增长的影响 ［J］. 国际贸易问题（4）：62-72.

揭础铭，2022. 中国出口贸易韧性影响因素研究 ［J］. 中国物价（1）：40-42.

李先德，孙致陆，贾伟，等，2020. 新冠肺炎疫情对全球农产品市场与贸易的影响及对策建议 ［J］. 农业经济问题（8）：4-11.

李向阳，2020. 贸易便利化量化评价研究 ［M］. 上海：上海人民出版社.

廖佳，尚宇红，2021. "一带一路"国家贸易便利化水平对中国出口的影响 ［J］. 上海对外经贸大学学报（2）：82-94.

刘宏曼，王梦醒，2017. 制度环境对中国与"一带一路"沿线国家农产品贸易效率的影响 ［J］. 经济问题（7）：78-84.

刘宏曼，王梦醒，2018. 贸易便利化对农产品贸易成本的影响：基于中国与"一带一路"沿线国家的经验证据 ［J］. 经济问题探索（7）：105-112.

刘莉，王瑞，邓强，2013. 金砖五国农矿产品出口增长方式比较分析：基于贸易边际的视角 ［J］. 国际贸易问题（9）：45-54.

刘鹏举，马云倩，郭燕枝，2017. 中国农产品农药残留现状及其对出口贸易的影响 ［J］. 中国农业科技导报，19（11）：8-14.

马超，许长新，田贵良，2011. 中国农产品国际贸易中的虚拟水流动分析 ［J］. 资源科学，
　　33（4）：729-735.

马述忠，任婉婉，吴国杰，2016. 一国农产品贸易网络特征及其对全球价值链分工的影响：
　　基于社会网络分析视角 ［J］. 管理世界（3）：60-72.

马轶群，2018. 农产品贸易、农业技术进步与中国区域间农民收入差距 ［J］. 国际贸易问题
　　（6）：41-53.

彭世广，周应恒，2021. 中国对"一带一路"国家水果出口增长分析：基于三元边际的视
　　角 ［J］. 农业经济问题（4）：132-144.

强文丽，刘爱民，成升魁，等，2013. 中国农产品贸易的虚拟土地资源量化研究 ［J］. 自然
　　资源学报，28（8）：1289-1297.

秦臻，倪艳，2013. WTO 成立以来技术性贸易措施对中国农产品出口影响研究：基于多边
　　贸易阻力的两阶段引力模型 ［J］. 国际经贸探索，29（1）：35-47.

施炳展，2010. 中国出口增长的三元边际 ［J］. 经济学（季刊），9（4）：1311-1330.

孙久文，孙翔宇，2017. 区域经济韧性研究进展和在中国应用的探索 ［J］. 经济地理，37
　　（10）：1-9.

孙林，倪卡卡，2013. 东盟贸易便利化对中国农产品出口影响及国际比较：基于面板数据
　　模型的实证分析 ［J］. 国际贸易问题（4）：139-147.

谭晶荣，华曦，2016. 贸易便利化对中国农产品出口的影响研究：基于丝绸之路沿线国家
　　的实证分析 ［J］. 国际贸易问题（5）：39-49.

王瑞，温怀德，2016. 中国对"丝绸之路经济带"沿线国家农产品出口潜力研究：基于随
　　机前沿引力模型的实证分析 ［J］. 农业技术经济（10）：116-126.

王祥，强文丽，牛叔文，等，2018. 全球农产品贸易网络及其演化分析 ［J］. 自然资源学
　　报，33（6）：940-953.

王孝松，谢申祥，2012. 国际农产品价格如何影响了中国农产品价格？［J］. 经济研究，47
　　（3）：141-153.

王中美，2014. 全球贸易便利化的评估研究与趋势分析 ［J］. 世界经济研究（3）：47-
　　52，88.

魏浩，郭也，2016. 中国进口增长的三元边际及其影响因素研究 ［J］. 国际贸易问题（2）：
　　37-49.

温忠麟，张雷，侯杰泰，等，2004. 中介效应检验程序及其应用 ［J］. 心理学报（5）：
　　614-620.

许统生，李志萌，涂远芬，等，2012. 中国农产品贸易成本测度 ［J］. 中国农村经济（3）：
　　14-24.

张凤，孔庆峰，2014. 贸易便利化对中国相对出口结构的非对称性影响：来自产业层面的
　　经验证据 ［J］. 经济问题探索（9）：180-185.

周丹，陆万军，2015. 中国与金砖国家间农产品贸易成本弹性测度与分析 ［J］. 数量经济技
　　术经济研究，32（1）：20-35.

朱晶，毕颖，2018. 贸易便利化对中国农产品出口深度和广度的影响：以"丝绸之路经济带"沿线国家为例 [J]. 国际贸易问题（4）：60-71.

ADAM S, 1776. The wealth of nations: an inquiry into the nature and causes of the wealth of nations [M]. Chicago: The University of Chicago Press.

ALBERTO P, JOHN S W, 2012. Export performance and trade facilitation reform: hard and soft infrastructure [J]. World Development, 40 (7): 1295-1307.

ANDERSON J E, 1979. A theoretical foundation for the gravity equation [J]. The American Economic Review, 69 (1): 106-116.

ANDERSON J, VAN WINCOOP E, 2003. Gravity with gravitas: a solution to the border puzzle [J]. American Economic Review, 93 (1): 170-192.

ANDERSON J, VAN WINCOOP E, 2004. Trade costs [J]. Journal of Economic literature, 42 (3): 691-751.

BAIER S L, BERGSTRAND J H, 2009. Bonus vetus OLS: a simple method for approximating international trade-cost effects using the gravity equation [J]. Journal of International Economics, 77 (1): 77-85.

BAIER S L, BERGSTRAND J H, FENG M, 2014. Economic integration agreements and the margins of international trade [J]. Journal of International Economics, 93 (2): 339-350.

BECKERMAN W, 1956. Distance and the pattern of intra-european trade [J]. The Review of Economics and Statistics, 38 (1): 31-40.

BEHAR A, MANNERS P, NELSON B S, 2011. Exports and international logistics [R]. Washington D. C. : World Bank Policy Research Working Paper, No. 5691.

BEMS R, JOHNSON R C, YI K M, 2010. Demand spillovers and the collapse of trade in the global recession [J]. IMF Economic Review, 58 (2): 295-326.

BERGEIJK P, 2017. One is not enough! An economic history perspective on world trade collapses and deglobalization [R]. The Hague: International Institute of Social Studies of Erasmus University Rotterdam (ISS) .

BERGSTRAND J H, 1985. The gravity equation in international trade: some microeconomic foundations and empirical evidence [J]. The Review of Economics and Statistics, 67 (3): 474-481.

BERNARD A B, REDDING S J, SCHOTT P K, 2011. Multi-product firms and trade liberalization [J]. The Quarterly Journal of Economics, 126 (3): 1271-1318.

BERNARD H, 2011. Trade policy, trade costs, and developing country trade [J]. World Development, 39 (12): 2069-2079.

BISTA R, SHERIDAN B J, 2021. Economic growth takeoffs and the extensive and intensive margins of trade [J]. Review of Development Economics, 25 (3): 1373-1396.

BRODA C, GREENFIELD J, WEINSTEIN D E, 2017. From groundnuts to globalization: a structural estimate of trade and growth [J]. Research in Economics, 71 (4): 759-783.

CACCIATORE M，2014. International trade and macroeconomic dynamics with labor market frictions [J]. Journal of International Economics，93（1）：17-30.

CALIENDO L，PARRO F，2015. Estimates of the trade and welfare effects of NAFTA [J]. Review of Economic Studies，82（1）：1-44.

CHANEY T，2008. Distorted gravity：the intensive and extensive margins of international trade [J]. American Economic Review，98（4）：1707-1721.

CHEN D N，NOVY D，2011. Gravity，trade integration，and heterogeneity across industries [J]. Journal of International Economics，85（2）：206-221.

CHENG I H，WALL H J，2005. Controlling for heterogeneity in gravity models of trade and integration [J]. Federal Reserve Bank of St. Louis Review，87（1）：49-63.

COSTINOT A，RODRIQUEZ-CLARE A，2014. Trade theory with numbers：quantifying the consequences of globalization [J]. The Handbook of International Economics（4）：197-261.

CRAGG J C，DONALD S G，1993. Testing identifiability and specification in instrumental variables models [J]. Econometric Theory，9（2）：222-240.

DAS S，ROBERTS M J，TYBOUT J R，2007. Market entry costs，producer heterogeneity，and export dynamics [J]. Econometrica，75（3）：837-873.

DAWKINS C，SRINIVASAN T N，WHALLEY J，2001. Calibration [J]. The Handbook of Econometrics，58：3653-3703.

DEARDORFF A，1998. Determinants of bilateral trade：does gravity work in a neoclassical world?［M/OL］//NBER. The regionalization of the world economy. Boston：University of Chicago Press，1998：7-32［2023-06-15］. http：//www. nber. org/chapters/c7818.

DEE P，2006. Trade facilitation：what，why，how，where and when?［R］. Seoul：Third LAEBA Annual Meeting.

DEKLE R，EATON J，KORTUM S，2007. Unbalanced trade [J]. American Economic Review，Papers and Proceedings，97（2）：351-355.

DEKLE R，EATON J，KORTUM S，2008. Global rebalancing with gravity：measuring the burden of adjustment [J]. IMF Staff Papers，55（3）：511-540.

DENNIS A，SHEPHERD B，2011. Trade facilitation and export diversification [J]. The World Economy，34（1）：101-122.

DESMET K，NAGY D K，ROSSI-HANSBERG E，2018. The geography of development [J]. Journal of Political Economy，126（3）：903-983.

DESMET K，ROSSI-HANSBERG E，2014. Spatial development [J]. American Economic Review，104（4）：1211-1243.

DIX-CARNEIRO R，2014. Trade liberalization and labor market dynamics［J］. Econometrica，82（3）：825－885.

DOLLAR D，KRAAY A，2004. Trade，growth，and poverty [J]. The Economic Journal，114（493）：22-49.

EATON J, KORTUM S, 2001. Trade in capital goods [J]. European Economic Review, 45 (7): 1195-1235.

EATON J, KORTUM S, 2002. Technology, geography and trade [J]. Econometrica, 70 (5): 1741-1779.

EATON J, KORTUM S, NEIMAN B, et al. , 2016. Trade and the global recession [J]. American Economic Review, 106 (11): 3401-3438.

ECKSTEIN Z, FOULIDES C, KOLLINTZAS T, 1996. On the many kinds of growth: a note [J]. International Economic Review, 37 (22): 487-496.

EGGER P, LARCH M, STAUB K, et al. , 2011. The trade effects of endogenous preferential trade agreements [J]. American Economic Journal: Economic Policy, 3 (3): 113-143.

ESTACHE A, GONZALEZ M, TRUJILLO L, 2002. Efficiency gains from port reform and the potential for yardstick competition: lessons from Mexico [J]. World Development, 30 (4): 545-560.

ESTEVADEORDAL A, TAYLOR A, 2013. Is the Washington consensus dead? Growth, openness, and the great liberalization, 1970s-2000s [J]. The Review of Economics and Statistics, 95 (5): 1669-1690.

FALLY T, 2015. Structural gravity and fixed effects [J]. Journal of International Economics, 97 (1): 76-85.

FEENSTRA R C, INKLAAR R, TIMMER M P, 2013. The next generation of the Penn world table [J]. American Economic Review, 105 (10): 3150-3182.

FELBERMAYR G, GROSCHL J, 2013. Natural disasters and the effect of trade on income: a new panel IV approach [J]. European Economic Review, 58: 18-30.

FELBERMAYR G, KOHLER W, 2006. Exploring the intensive and extensive margins of world trade [J]. Review of World Economics, 142 (4): 642-674.

FEYRER J, 2019. Trade and Income-exploiting time series in geography [J]. American Economic Journal: Applied Economics, 11 (4): 1-35.

FRANCOIS J F, MANCHIN M, 2007. Institutions, infrastructure, and trade [J]. World Development, 46: 165-175.

FRANKEL J A, ROMER D H, 1999. Does trade cause growth? [J]. American Economic Review, 89 (3): 379-399.

GOPINATH G, HELPMAN E, ROGOFF K, 2014. Handbook of International Economics [M]. Amsterdam: Elsevier.

GROSSMAN G M, HELPMAN E, 1991. Innovation and growth in the global economy [M]. Cambridge: The MIT Press.

HEAD K, MAYER T, 2014. Gravity equations: workhorse, toolkit, and cookbook [J]. Social Science Electronic Publishing, 4 (6): 131-195.

HEER B, MAUSSNER A, 2009. Dynamic general equilibrium modeling: computational methods and applications [M]. Berlin: Springer Science & Business Media.

HELPMAN E, 1987. Imperfect competition and international trade: evidence from fourteen industrial countries [J]. Journal of the Japanese and International Economics (1): 62-81.

HELPMAN E, MELITZ M, RUBINSTEIN Y, 2008. Trading partners and trading volumes [J]. Quarterly Journal of Economics, 123 (2): 441-487.

HERTEL T W, WALMSLEY T, ITAKURA K, 2001. Dynamic effect of the 'New Age' free trade agreement between Japan and Singapore [J]. Journal of Economic Integration, 16 (4): 46-84.

HILLBERRY R, ZHANG X, 2018. Policy and performance in customs [J]. Review of International Economics, 26 (2): 438-480.

HOLLING C S, 1973. Resilience and stability of ecological systems [J]. Annual Review of Ecology and Systematics (4): 1-23.

HOLLING C S, 1986. The resilience of terrestrial ecosystems: local surprise and global Change [J]. Sustainable Development of the Biosphere, 14: 292-317.

HOLLING C S, 1992. Cross-scale morphology geometry and dynamics of ecosystems [J]. Ecological Monographs, 62: 447-502.

HUMMELS D, 2001. Towards a geography of trade costs [R/OL]. (2001-03-25) [2023-06-15]. https: //docs. lib. purdue. edu/gtapwp/17.

HUMMELS D, KLENOW P J, 2005. The variety and quality of a nation's exports [J]. American Economic Review, 95 (3): 704-723.

KLEIBERGEN F, PAAP R, 2006. Generalized reduced rank tests using the singular value decomposition [J]. Journal of Econometrics, 133 (1): 97-126.

LAWLESS M, 2010. Deconstructing gravity: trade costs and extensive and intensive margins [J]. The Canadian Journal of Economics, 43 (4): 1149-1172.

LEVINSOHN J, PETRIN A, 2003. Estimating production functions using inputs to control for unobservables [J]. Review of Economic Studies, 70 (2): 317-341.

LI Y, WILSON J S, 2009. Trade facilitation and expanding the benefits of trade: evidence from firm level data [R/OL]. (2009-11-12) [2023-06-15]. https: //www. econstor. eu/ bitstream/10419/64281/1/615907733. pdf.

LIAPIS P, 2009. Extensive margins in agriculture [Z]. OECD Food, Agriculture and Fisheries Papers, 17.

LIN F, SIM N C, 2013. Trade, income and the baltic dry index [J]. European Economic Review, 59: 1-18.

LÓPEZ-GONZÁLEZ J, SORESCU S, 2019. Helping SMEs internationalise through trade facilitation [R/OL]. (2019-05-18) [2023-06-15]. https: //www. oecd-ilibrary. org/content/ paper/2050e6b0-en.

MAGEE C S, 2003. Endogenous preferential trade agreements: an empirical analysis [J]. Contributions to Economic Analysis & Policy, 2 (1): 1-17.

MARTIN R, 2012. Regional economic resilience, hysteresis and recessionary shocks [J]. Journal of Economic Geography, 12 (12): 1-32.

MELITZ M J, 2003. The impact of trade on intra-industry reallocations and aggregate industry productivity [J]. Econometrica, 2003, 71 (6): 1695-1725.

MELITZ M J, OTTAVIANO G, 2008. Market size, trade, and productivity [J]. The Review of Economics Studies, 75 (1): 295-316.

MOISE E, ORLIAC T, MINOR P, 2011. Trade facilitation indicators: the impact on trade costs [R]. Paris: OECD Trade Policy Working Papers, No. 118.

MOISE E, SORESCU S, 2013. Trade facilitation indicators: the potential impact of trade facilitation on developing countries' trade [R]. Paris: OECD Trade Policy Papers, No. 144.

MORALES E, SHEU G, ZAHLER A, 2019. Extended gravity [J]. The Review of Economic Studies, 86 (6): 2668-2712.

MOÏSÉ E, DELPEUCH C, SORESCU S, et al., 2013. Estimating the constraints to agricultural trade of developing countries [R/OL]. (2013-08-13) [2023-06-15]. https: // www. oecd-ilibrary. org/trade/estimating-the-constraints-to-agricultural-trade-of-developing-countries _ 5k4c9kwfdx8r-en.

MUTREJA P, RAVIKUMAR B, SPOSI M J, 2014. Capital goods trade and economic development [R/OL]. [2014-06-23] [2023-06-15]. https: //research. stlouisfed. org/ wp/more/2014-012.

NICKELL S, 1981. Biases in dynamic models with fixed effects [J]. Econometrica, 49 (6): 1417-1426.

NOVY D, 2006. Is the iceberg melting less quickly? International trade costs after World War II [R/OL]. (2006-05-21) [2023-06-15]. https: //papers. ssrn. com/sol3/papers. cfm? abstract _ id=944421.

NOVY D, 2011. Gravity redux: measuring international trade costswith panel data [J]. Economic Inquiry, 51 (1): 101-121.

NOVY D, 2012. International trade without CES: estimating translog gravity [J]. Journal of International Economics, 89 (2): 271-282.

OLIVERO M P, YOTOV Y V, 2012. Dynamic gravity: endogenous country size and asset accumulation [J]. Canadian Journal of Economics, 45 (1): 64-92.

OSANG T, TURNOVSKY S J, 2000. Differential tariffs, growth, and welfare in a small open economy [J]. Journal of Development Economics, 62 (2): 315-342.

OSSA R, 2014. Trade wars and trade talks with data [J]. American Economic Review, 104 (12): 4104-4146.

PERRINGS C, 1994. Ecological resilience in the sustainability of economic development [J]. Economy (11): 27-41.

PERRINGS C, 1998. Resilience in the dynamics of economy-environment systems [J]. Environmental and Resource Economics, 11 (3): 503-520.

PERSSON M，2013. Trade facilitation and the extensive margin ［J］. The Journal of International Trade & Economic Development，22 (5)：658-693.

PIERMARTINI R，YOTOV Y V，2016. Estimating trade policy effects with structural gravity ［R/OL］.（2016-10-11）［2023-06-15］. https：//www. wto. org/english/res _ e/reser _ e/ersd201610 _ e. htm.

PIMM S L，1984. The complexity and stability of ecosystems ［J］. Nature，307 (5949)：321-326.

PORTUGAL-PEREZ A，WILSON J S，2012. Export performance and trade facilitation reform：hard and soft infrastructure ［J］. World Development，40 (7)：1295-1307.

POYHONEN P，1963. A tentative model of the volume of trade between countries ［J］. Weltwirtschaftliches Archive，90：93-100.

REDDING S J，VENABLES A J，2004. Economic geography and international inequality ［J］. Journal of International Economic，62 (1)：53-82.

REGGIANI A，DE GRAAFF T，NIJKAMP P，2002. Resilience：an evolutionary approach to spatial economic systems ［J］. Networks and Spatial Economics，2 (2)：211-229.

REGGIANI A，NIJKAMP P，SABELLA E，2000. A comparative analysis of the performance of evolutionary algorithms and Logit models in spatial networks ［J］. Spatial economic science，16：331-354.

RICARDO D，1817. Principles of political economy and taxation ［M］. Cambridge：Cambridge University Press.

ROMALIS J，2007. NAFTA's and CUSTFA's impact on international trade ［J］. The Review of Economics and Statistics，89 (3)：416-435.

SAMPSON T，2016. Dynamic selection：an idea flows theory of entry，trade and growth ［J］. Quarterly Journal of Economics，131 (1)：315-380.

SAMUELSON P，1954. The transfer problem and transport costs，II：analysis of effects of trade impediments ［J］. The Economic Journal，64 (254)：264-289.

SHEPHERD B，WILSON J S，2009. Trade facilitation in ASEAN member countries：measuring progress and assessing priorities ［J］. Journal of Asian Economics，20 (4)：367-383.

SILVA J S，TENREYRO S，2006. The log of gravity ［J］. The Review of Economics and Statistics，88 (4)：641-658.

SIMONOVSKA I，WAUGH M，2014. The elasticity of trade：estimates and evidence ［J］. Journal of International Economics，92 (1)：34-50.

SOLOAGA I，WILSON J S，MEJIA A，2006. Moving forward faster ：trade facilitation reform and Mexican competitiveness ［J］. Social Science Electronic Publishing (31)：1-31.

SOLOW R M，1956. A contribution to the theory of economic growth ［J］. Quarterly Journal of Economics，70 (1)：65-94.

TINBERGEN J, 1962. Shaping the world economy: suggestions for an international economic policy [M]. New York: The Twentieth Century Fund.

TREFLER D, 1993. Trade liberalization and the theory of endogeneous protection: an econometric study of U. S. import policy [J]. Journal of Political Economy, 101 (1): 138-160.

TREFLER D, 2004. The long and short of the Canada-U. S. free trade agreement [J]. American Economic Review, 94 (4): 870-895.

TSIGAS M, 2009. Impacts of better trade facilitation in developing countries: analysis with a new gtap database for the value of time in trade [R]. Helsinki: GTAP 11th Annual Conference.

VAN BERGEIJK P A G, BRAKMAN S, VAN MARREWIJK C, 2017. Heterogeneous economic resilience and the great recession's world trade collapse [J]. Papers in Regional Science, 96 (1): 3-12.

WACZIAR R, 2001. Measuring the dynamic gains from trade [J]. World Bank Economic Review, 15 (3): 393-425.

WACZIAR R, WELCH K H, 2008. Trade liberalization and growth: new evidence [J]. World Bank Economic Review, 22 (2): 187-231.

WALTER I, MERTON J P, 1954. Location theory and international and interregional trade theory [J]. The Quarterly Journal of Economics, 68 (1): 97-114.

WAUGH M E, 2010. International trade and income differences [J]. American Economic Review, 100 (5): 2093-2124.

WILSON J S, MANN C L, OTSUKI T, 2003. Trade facilitation and economic development: a new approach to quantifying the impact [J]. The World Bank Economic Review, 17 (3): 367-389.

WILSON J S, MANN C L, OTSUKI T, 2005. Assessing the benefits of trade facilitation: a global perspective [J]. World Economy, 28 (6): 841-871.

WOO Y P, WILSON J S, 2001. Cutting through red tape: new directions for APEC's trade facilitation Agenda [R/OL]. (2001-12-01) [2023-06-15]. https: //www. apec. org/docs/default-source/Publications/2001/12/Cutting-through-the-Red-Tape-New-Directions-for-APEC-Trade-Facilitation-2001/01 _ cti _ cutredtape. pdf.

World Customs Organization, 2014. Annual reports 2013-2014 [R]. Brussels: WCO.

World Trade Organization, 2015. Annual report 2015 [R]. Geneva: WTO.

YASUI T, 2010. Benefits of the revised Kyoto convention [R]. Brussels: WCO Research paper, No 6.

YI K M, 2010, Can multistage production explain the home bias intrade? [J]. American Economic Review, 100 (1): 364-393.

ZAKI C, 2014. An empirical assessment of the trade facilitation initiative: econometric evidence and global economic effects [J]. World Trade Review, 13 (1): 103-130.

附表　《贸易便利化协定》主要内容

条款	主要内容
第1条：信息的公布与可获性	
1.1　公布	每一成员应以非歧视和易获取的方式迅速公布进出口程序、表格单证、适用税率、费用、商品分类、原产地规则相关适用法律、进出口限制、惩罚规定等信息，以便政府、贸易商和其他利益相关方能够知晓
1.2　通过互联网提供信息	每一成员应通过互联网提供并更新进出口程序的说明、步骤、表格、咨询点联络方式等更多与贸易相关的信息，该信息应尽可能使用WTO正式语言提供
1.3　咨询点	每一成员应在其可获资源内，设立一个或多个咨询点，以回答政府、贸易商和其他利益相关方提出的合理咨询，并提供所需要的表格和单证
1.4　通知	每一成员应向贸易便利化委员会通知各项手续的官方地点、网站链接和咨询点联络信息
第2条：评论机会、生效前信息及磋商	
2.1　评论机会和生效前信息	每一成员应在可行的范围内并以与其国内法律相一致的方式，向贸易商及其他利益相关方提供对货物流动、放行和通关相关的法律法规进行评论的机会，并且在生效前尽早公布，以便贸易商和其他利益相关方能够知晓

（续）

条款	主要内容
2.2 磋商	每一成员应酌情规定边境机构与其领土内的贸易商或其他利益相关方之间进行定期磋商
第3条：预裁定	每一成员应以合理的方式并在规定时限内向已提交所有必要信息的书面请求的申请人做出预裁定。如一成员拒绝做出预裁定，则应立即书面通知申请人，列出相关事实和做出决定的依据
第4条：上诉或审查程序	每一成员应规定海关做出的行政决定所针对的任何人在该成员领土内有权向级别高于或独立于做出行政决定的官员或机构提出行政申诉或复查
第5条：增强公正性、非歧视性及透明度的其他措施	
5.1 增强监管或检查的通知	如一成员为保护其领土内的人类、动物或植物的生命健康而提高食品、饮料或饲料等产品的边境监管、检查水平，可酌情根据风险评估发布。如通知或指南的情形不复存在或可以以较低贸易限制作用的方式处理，则应迅速终止，且该信息应以非歧视和易获取的方式发布
5.2 扣留	如申报进口货物因海关或任何其他主管机关检查而予以扣留，则该成员应迅速通知承运商或进口商
5.3 检验程序	在申报进口货物样品的首次检验为不利结果的情况下，一成员应请求给予第二次检验的机会，如可行，应接受第二次检验的结果，且应以非歧视和易获取的方式公布检验依托的实验室的名称和地址
第6条：关于对进出口征收或与进出口和处罚相关的规费和费用的纪律	
6.1 对进出口征收或与进出口相关的规费和费用的一般纪律	有关费用信息适用的规定、征收的原因、主管机关以及支付时间和方式应予以公布；新增或修订的费用信息在公布和生效之间应给予足够的时间；每一成员应定期审查，在可行的范围内减少收费的数量和种类

（续）

条款	主要内容
6.2 对进出口征收或与进出口相关的海关业务办理规费和费用的特定纪律	海关业务办理费用应限定在对所涉特定进出口操作提供服务或与之相关服务的近似成本内；如费用针对与办理货物海关业务密切相关的服务而收取，则不需要与特定进出口作业相关联
6.3 处罚纪律	每一成员应保证对违反海关法律、法规或程序性要求行为的处罚仅针对其法律所规定的违法行为责任人实施。处罚应根据案件的事实和情节实施，并应与违反程度和严重性相符
第 7 条：货物放行与结关	
7.1 抵达前业务办理	每一成员都应采用或设立程序，允许提交包括舱单在内的进口单证和其他必要信息（应酌情规定以电子格式提交），以便在货物抵达前开始办理业务，以期在货物抵达后加快放行
7.2 电子支付	每一成员应在可行的限度内，采用或设立程序，允许选择以电子方式支付海关关税、国内税及费用
7.3 将货物放行与关税、国内税、规费及费用的最终确定相分离	每一成员应采用或设立程序，规定如关税、国内税、规费及费用的最终确定不在货物抵达前或抵达时做出或不能在货物抵达后尽可能快地做出，则可在最终确定前放行货物，条件是所有其他管理要求均符合
7.4 风险管理	每一成员应尽可能采用或设立为海关监管目的的风险管理制度，应以避免任意或不合理的歧视或形成对国际贸易变相限制。在可能的限度内将相关边境监管集中在高风险货物上，对低风险货物加快放行
7.5 后续稽查	为加快货物放行，每一成员应采用或设立后续稽查以保证海关及其他相关法律法规得以遵守
7.6 确定和公布平均放行时间	鼓励各成员定期并以一致的方式测算和公布其货物平均放行时间，以及分享其在测算平均放行时间方面的经验

（续）

条款	主要内容
7.7　对经认证的经营者的贸易便利化措施	每一成员应为满足特定标准的经营者提供与进口、出口或过境手续相关的额外的贸易便利化措施
7.8　快运放行	每一成员应采用或设立程序，在维持海关监管的同时，应申请人申请，至少允许快速放行通过航空货运设施入境的货物
7.9　易腐货物	为防止易腐货物可避免的损失或变质，在满足所有法规要求的前提下，每一成员应规定通常情况下对易腐货物在可能的最短时间内予以放行；在适当的例外情况下，应在海关和其他相关主管机关工作时间之外予以放行。每一成员在安排任何可能要求的查验时，应适当优先考虑易腐货物。每一成员应安排或允许易腐货物在放行前予以正确储藏。如易腐货物的放行受到严重延迟，应书面请求，进口成员应尽可能提供关于延迟原因的信函
第8条：边境机构合作	每一成员应保证其负责边境管制和货物进口、出口及过境程序的主管机关和机构相互合作并协调行动，以便利贸易开展
第9条：受海关监管的进口货物的移动	每一成员应在可行的范围内，并在所有管理要求得到满足的前提下，允许进口货物在其领土内在海关的监管下进行移动，从入境地海关移至予以放行或结关的其领土内另一海关
第10条：与进口、出口和过境相关的手续	
10.1　手续和单证要求	每一成员应审议手续和单证要求，酌情保证此类手续和单证要求以货物（特别是易腐货物）的快速放行和通关为目的，减少贸易商和经营者的守法时间和成本；如存在两种或两种以上为实现政策目标或有关目标的可合理获得的措施，则选择对贸易限制最小的措施

（续）

条款		主要内容
10.2	副本的接受	每一成员应酌情努力接受进口、出口或过境手续所要求的证明单证的纸质或电子副本；如一成员的政府机构已持有此单证的正本，则该成员的任何其他机构应接受来自持有单证正本部门的纸质或电子副本以替代正本。一成员不得要求将提交出口成员海关的出口报关单正本或副本作为进口的一项要求
10.3	国际标准的使用	鼓励各成员使用或部分使用相关国际标准作为其进口、出口或过境手续和程序的依据
10.4	单一窗口	各成员应努力建立或设立单一窗口，使贸易商能够通过一单一接入点向参与的主管机关或机构提交货物进口、出口或过境的单证和/或数据要求。待主管机关或机构审查单证和/或数据后，审查结果应通过该单一窗口及时通知申请人；各成员应在可能和可行的限度内，使用信息技术支持单一窗口
10.5	装运前检验	成员不得要求使用与税则归类和海关估价有关的装运前检验。在不损害各成员除上述范围外的其他形式的装运前检验权利的前提下，鼓励各成员对装运前检验不再采用或适用新的要求
10.6	报关代理的使用	在不影响一些成员目前对报关代理维持特殊作用的重要政策关注的前提下，自本协定生效时起，各成员不得要求强制使用报关代理
10.7	共同边境程序和统一单证要求	每一成员应在符合特定要求的前提下，在其全部领土内对货物放行和结关适用共同海关程序和统一单证要求
10.8	拒绝入境货物	如拟进境货物因未能满足规定的卫生或植物卫生法规或技术法规而被一成员主管机关拒绝，则该成员应在遵守和符合其法律法规的前提下，允许进口商将退运货物重新托运或退运至出口商或出口商指定的另一人

（续）

条款	主要内容
10.9　货物暂时准许进口及进境和出境加工	如货物为特定目的运入关税区，并计划在特定期限内复出口，且除因该货物的用途所造成的正常折旧和磨损外未发生任何变化，则每一成员应按其法律法规规定，允许该货物运入其关税区，并有条件全部或部分免于支付进口关税和国内税。每一成员应按其法律法规规定，允许货物进境和出境加工
第 11 条：过境自由	一成员实施的与过境运输有关的任何法规或程序不得对过境运输构成变相限制。各成员不得寻求、采取或设立对过境运输的任何自愿限制或其他类似措施。每一成员应给予自任何其他成员领土过境的产品不低于给予此类产品在不经其他成员领土而自原产地运输至目的地所应享受的待遇。鼓励各成员在可行的情况下为过境运输提供基础设施（如通道、泊位及类似设施）。与过境运输相关的手续和单证要求及海关监管的复杂程度不得超过必要限度；一旦货物进入过境程序并获准自一成员领土内始发地启运，即不必支付任何海关费用或受到不必要的延迟或限制，直至其在该成员领土内的目的地结束过境过程。如一成员对过境运输要求以保证金、押金或其他适当货币或非货币手段提供担保，则此种担保应仅以保证过境运输所产生的要求得以满足为限。一旦该成员确定其过境要求已得到满足，应立即解除担保。各成员应努力相互合作和协调以增强过境自由
第 12 条：海关合作	各成员同意保证促进守法和合作。在符合规定的前提下，各成员应交换信息以便在合理怀疑时进行核实；注重信息保护和机密性。在特定情况下，被请求成员可对提供信息的请求予以迟复拒绝，并应通知提出请求成员迟复或拒绝的原因。提出请求成员应考虑对等原则以及答复对被请求成员资源和成本的影响。双边、多边或区域协定不得阻止成员达成或维持关于海关信息和数据共享或交换

图书在版编目（CIP）数据

贸易便利化对全球农产品贸易的影响研究 / 房悦，
李先德著 . —北京：中国农业出版社，2023.12
ISBN 978-7-109-31615-7

Ⅰ.①贸⋯　Ⅱ.①房⋯　②李⋯　Ⅲ.①农产品贸易—
国际贸易—研究—中国　Ⅳ.①F752.652

中国国家版本馆 CIP 数据核字（2024）第 016790 号

中国农业出版社出版

地址：北京市朝阳区麦子店街 18 号楼
邮编：100125
策划编辑：贾　彬
责任编辑：张雪娇
版式设计：王　晨　　责任校对：吴丽婷
印刷：北京通州皇家印刷厂
版次：2023 年 12 月第 1 版
印次：2023 年 12 月北京第 1 次印刷
发行：新华书店北京发行所
开本：700mm×1000mm　1/16
印张：8
字数：150 千字
定价：45.00 元